Börsenindikatoren

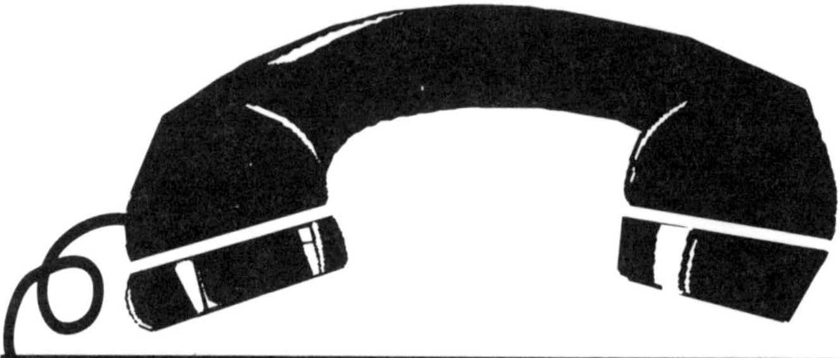

Thomas Gebert, Paul Hüsgen und Martin Gebert

Börsenindikatoren

4. Auflage 1998
CIP-Titelaufnahme der Deutschen Bibliothek

Druck und Bindung:
EBNER ULM

ISBN 3-922669-13-1

Was jedermann für ausgemacht hält,
verdient am meisten untersucht zu werden.

Georg Christoph Lichtenberg

INHALTSVERZEICHNIS

EINLEITUNG

In den letzten 137 Jahren war die Geldanlage in Aktien eine gute Investition, wie die Grafik zeigt. Die Aktien haben zwar zweimal – während der großen Inflation 1922 / 1923 und während des zweiten Weltkrieges – jeweils neun Zehntel ihres Wertes verloren, doch innerhalb weniger Jahre machten sie den erlittenen Verlust wieder wett und stiegen höher als jemals zuvor. Die Aktie ist eine ideale Kombination aus Sachwert und Geldwert. Sie schüttet Erträge aus wie eine Anleihe Zinsen und ist doch sachlich gesichert. Durch diese Sachwertsicherung konnte die Aktie nach dem 2.Weltkrieg, anders als Anleihen des deutschen Reiches, die zwanzig zu eins abgewertet wurden, ihren alten Vorkriegswert wieder erreichen.

Auch für die nach 1945 geborene Generation, die glücklicherweise die Möglichkeit eines Krieges nicht in ihre Anlageentscheidung mit einbeziehen muß, erwies sich die Aktie als sehr gutes Anlagemedium.

Deutsche Aktien 1856 -1994

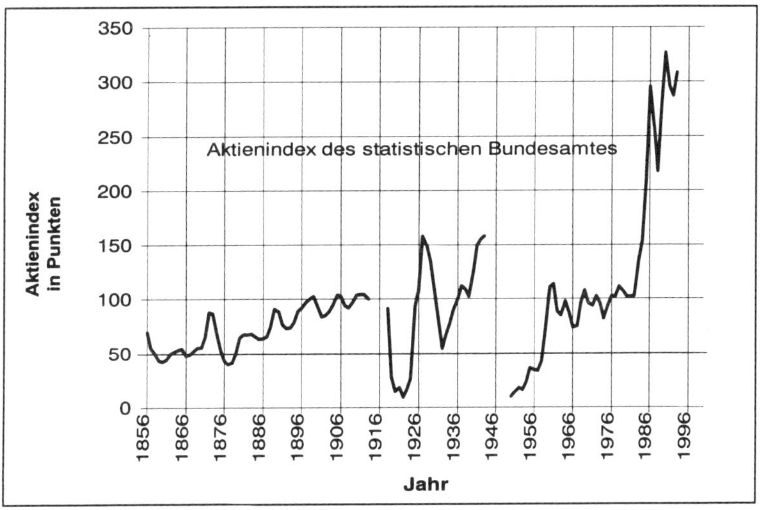

Doch der jährliche Ertrag der Aktienanlage – von 1961 bis 1993 waren es 6,3% pro Jahr – hätte sich bei Beachtung einiger weniger Indikatoren immens steigern lassen. In den nachfolgenden Kapiteln sind die meisten der bekannten Aktienmarktindikatoren aufgeführt, und es wurde untersucht, wie wirksam diese Indikatoren in den vergangenen dreißig Jahren gewesen wären, hätte der Anleger sie beachtet. Dabei wird sich herausstellen, daß etliche vielbeachtete Indikatoren in den letzten dreißig Jahren keinen Börsenerfolg gebracht hätten, wenige andere jedoch hätten das Anlageergebnis dramatisch verbessert.

1. STATISTISCHE INDIKATOREN

1.1 Wochentage

Bei der Betrachtung, wie sich die Aktienbörse, statistisch gesehen, an den einzelnen Wochentagen entwickelt hat, zeigen sich erstaunliche Ergebnisse. So ist der Freitag der freundlichste Tag der Woche. Von 1959 bis 1993 stieg der DAX allein an den Freitagen 215%. Das entspricht einem durchschnittlichen Tagesgewinn von 0,12%. Ebenfalls im Plus landet die Summe aller Donnerstage und aller Mittwoche. Der DAX legte an Donnerstagen 116% zu, was einem täglichen Gewinn von 0,07% entspricht, und für den Mittwoch lauten die Zahlen 132% insgesamt und 0,07% pro Tag. Der Dienstag ist da schon erheblich schlechter dran. Alle Dienstage seit 1959 brachten zusammen mit nur -12% einen durchschnittlichen Verlust 0,01% pro Dienstag. Der schlechteste Tag der Woche ist jedoch mit Abstand der Montag. Hier summieren sich die an Montagen angehäuften Verluste zu 252%. Jeder Montag bringt also statistisch einen Verlust von 0,14%.

Durchschnittliche prozentuale Kursveränderung pro Wochentag

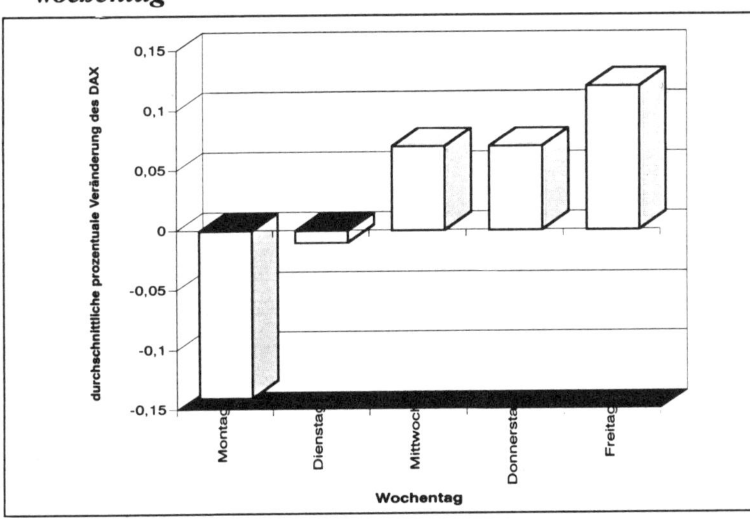

Zwei Erklärungsansätze lassen sich für dieses signifikante Kursverhalten angeben: der Liquiditätsansatz und der Stimmungsansatz. Generell ist es möglich, daß Geldzuflüsse vorwiegend innerhalb der Woche stattfinden und dann vor dem Wochenende angelegt werden müssen. Montags liegt aufgrund des vorangegangenen Wochenendes etwas seltener Geld zur Anlage bereit. Dies kann sowohl für Privatpersonen als auch für institutionelle Anleger wie Aktienfonds, Pensionsfonds, Versicherungen und so weiter der Fall sein. Eine andere Möglichkeit, dieses Phänomen zu deuten, ist die Stimmung der Anleger. Dieser Sachverhalt, der auf den ersten Blick nichts mit dem Aktienkursverlauf zu tun zu haben scheint, könnte sich als echte Kausalität herausstellen. Ein Aktienkauf setzt beim Anleger Optimismus voraus und ein Verkauf Pessimismus, was die Einschätzung der künftigen Entwicklung seiner Investition betrifft. Hier greift Psychologie als kursbeeinflussender Faktor in das Marktgeschehen ein. Oft sind es die äußeren Umstände, die mit einer gewissen Regelmäßigkeit auf die Stimmungslage einwirken. So ist der Montagmorgen nicht gerade typisch für Hochstimmung, denn die ganze Arbeitswoche steht bevor. Gedrückte Stimmung und schlechte Laune mögen eine pessimistische Einschätzung und damit ein entsprechendes Verhalten begünstigen. Für den Anleger könnte dies bedeuten, daß er montagmorgens wenig motiviert ist, Aktien zu kaufen und Risiken einzugehen. Freitags hingegen beflügelt das bevorstehende Wochenende die gute Laune und somit breitet sich Optimismus aus. Solch ein positiv gestimmter Börsianer mag eher geneigt sein, Aktien zu kaufen. Die Kursverläufe bestätigen eindrucksvoll diesen Zusammenhang, der zwischen der Stimmung der Anleger und ihren Aktivitäten an der Börse besteht.

Für diese Deutung spricht auch die Tatsache, daß, statistisch gesehen, vor Feiertagen die Börse extrem freundlich tendiert. Wahrscheinlich spielen sowohl die Zeitpunkte der Liquiditätszuflüsse als auch die Stimmung der Investoren eine Rolle.

Die statistischen Veränderungen sind vermutlich zu klein, um eine gewinnversprechende Anlagestrategie daraus zu entwickeln.

So ergäbe sich bei einem Kauf am Dienstag bei Börsenschluß und einem Verkauf am Freitag bei Börsenschluß ein statistischer Gewinn von 0,26% (0,07% + 0,07% + 0,12%). Dieser Gewinn wird durch die An- und Verkaufsspesen mehr als aufgezehrt. Bei einer Investition am Terminmarkt, also beim Kauf eines DAX-Futures, bei dem nur Spesen in Höhe von 0,1% für Kauf und Verkauf anfallen, ließe sich nicht mehr als ein marginaler Gewinn einstreichen.

Dennoch sollte der Anleger diese wochentägliche Anomalie im Hinterkopf behalten, um bei anstehenden Transaktionen bevorzugt am Montag zu kaufen und am Freitag zu verkaufen.

1.2 Feiertage

Eine besondere Bedeutung bekommen bei der statistischen Betrachtung einzelner Tage die Feiertage, obwohl an ihnen gar kein Handel mit Aktien stattfindet. Es stellt sich heraus, daß die Tage vor den Feiertagen zu den freundlichsten im ganzen Jahr gehören.

Der beste Tag des Jahres ist der letzte Handelstag vor Ostern. Dies ist der Gründonnerstag, am Karfreitag findet in Deutschland kein Aktienhandel statt. So legte der deutsche Aktienmarkt im Durchschnitt der letzten 32 Jahre jeweils an Gründonnerstagen 0,6% zu. Er fiel an diesem Tag nur dreimal: 1961, 1984 und 1988. Der Anstieg von 0,6% an Gründonnerstagen hat eine Größenordnung, die eine auf diesem Phänomen aufbauende Strategie möglich erscheinen läßt. Die Transaktionskosten bei Kauf und Verkauf eines Terminaktienindexes, eines sogenannten DAX-Futures, betragen 0,1%. Bei diesem DAX-Future entsprechen 10 DAX-Punkte eintausend Mark. Bei einem DAX-Stand von 1700 Punkten beträgt also der Kontraktwert 170 000 DM. 0,6% dieses Kontraktwertes sind demnach 1020 DM. Nach Abzug der 170 DM Spesen bliebe ein Gewinn von 850 DM. Dieser Gewinn läßt sich mit einer Wahrscheinlichkeit von 90% erzielen, denn in den letzten 32 Jahren fielen die Aktien nur dreimal an einem Gründonnerstag.

Die Erklärung hierfür läßt sich wieder auf der Liquiditäts- und auf der Stimmungsebene darstellen. Vor den vielen Feiertagen – die Börse macht ja erst wieder am Dienstag nach Ostern auf – wird offensichtlich das zur Anlage bereitstehende Geld angelegt, damit es nicht über die Feiertage unverzinst auf dem Konto liegt. Auch ergibt sich für den Anleger eine gewisse Klemme, da er erst wieder am Dienstag agieren kann. In der Zwischenzeit könnten positive Ereignisse stattfinden, an anderen Börsen im Ausland zum Beispiel. Dort wird am Karfreitag und am Ostermontag gehandelt.

Durchschnittliche prozentuale Kursveränderungen vor Weihnachten und Ostern 1959 bis 1992

Jahr	Tag vor Ostern	Tag vor Weihnachten	Tag vor Weihnachten bis Tag nach Neujahr
1.959		1	7,5
1.960	0,5	1,1	2,2
1.961	-0,2	0,2	1
1.962	0,9	-0,5	-1,5
1.963	0,8	0,7	1,9
1.964	1,2	0,8	1,4
1.965	0,7	0	-0,2
1.966	0,2	0,6	0,9
1.967	0,3	0,8	5,2
1.968	0,7	-0,2	1,7
1.969	0,5	0,2	2,4
1.970	1,3	0,9	0
1.971	0,4	0	-0,2
1.972	0,7	0	0,8
1.973	0,9	1	-1,9
1.974	1,7	-0,7	2,6
1.975	0,6	0,9	2,7
1.976	0,7	0	1,4
1.977	0	0,7	0,6
1.978	0,4	0	0,5
1.979	0,4	-0,2	-1,4
1.980	0,4	0,6	2,5

1.981	0	0,6	0,8
1.982	0,2	-0,2	2,1
1.983	1,7	0	4,8
1.984	-0,3	0,7	2,3
1.985	0	1,1	3,3
1.986	0,6	1	-0,5
1.987	0,8	0,1	-10,3
1.988	-0,2	0,3	0,8
1.989	0,2	1,2	8
1.990	1,3	0,4	-3,1
1.991	0,9	-0,3	3,7
1.992	0,6	0,2	0,6
1.993	0,4	1,1	3,2
1.994	-0,7	-0,3	-1,1
Durchschnitt	0,6	0,4	1,3

Anderseits mag ein verkaufswilliger Investor es vorziehen, statt am Donnerstag erst am kommenden Dienstag zu verkaufen, denn bei einem Verkauf am Donnerstag bekäme er die Gutschrift erst viele Tage später, was einem Zinsverlust entspricht.

Psychologisch gesehen motiviert vermutlich die Freude auf das Osterfest und auf die freien Tage die Anleger zum Aktienkauf. Der Zusammenhang ist der gleiche, wie er bei den Wochentagen beschrieben wurde. Schlechte Stimmung und Optimismus schliessen sich gegenseitig aus. Und Optimismus ist zum Kaufen von Aktien nun einmal unerläßliche Voraussetzung.

Ebenfalls sehr freundlich ist der letzte Handelstag vor Weihnachten. Er bringt im Durchschnitt einen Kursgewinn von 0,4%. Nur sechs Vorweihnachtstage brachten fallende Notierungen. Auch vor Weihnachten läßt sich die vor Ostern angezeigte Strategie anwenden. Nach Spesen müßte bei einem DAX-Future-Kauf zwei Börsentage vor Weihnachten und einem Verkauf am Tag vor Weihnachten kurz vor Börsenschluß ein Gewinn von 510 DM mit einer Wahrscheinlichkeit von 82% herausspringen.

Noch besser schneidet ein Aktionär ab, der zwei Tage vor Weihnachten gegen Börsenschluß kauft und am Tag nach Neujahr ebenfalls etwa gegen Börsenschluß verkauft. Diese Zeitspanne hat über die letzten 33 Jahre gemittelt einen Gewinn von 1,25 Prozent gebracht. Hierbei ließe sich über die Feiertage mit der vorher skizzierten Strategie 1955 DM Gewinn mit einer Wahrscheinlichkeit von 75% erzielen.

Wenn der Anleger nicht versuchen will, die geringen Kursunterschiede durch kurzfristiges Trading zu nutzen, sollte er sie dennoch beherzigen bei anstehenden Käufen in der Weihnachtszeit. Ebenso sollten Verkäufe bis nach Neujahr aufgeschoben werden. Zur Erklärung dieses Sachverhalts lassen sich wieder die Argumente anführen, die auch schon bei der Betrachtung der fröhlichen Vorosterzeit angesprochen wurden: die Unregelmäßigkeit der Liquiditätszuflüsse und die Stimmung der Börsenteilnehmer.

1.3 Tage des Monats

Ebenso wie bei den Wochentagen ergeben sich auch bei den einzelnen Tagen des Monats signifikante Abweichungen von der erwarteten gleichmäßigen Verteilung von Tagen mit steigenden Kursen und Tagen mit fallenden Kursen. Es stellt sich heraus, daß die Tage um den Monatsultimo herum deutlich freundlicher sind als die Tage in der Mitte des Monats. So ist der 1. für Aktien der beste Tag des Monats mit einem durchschnittlichen Kursgewinn – Börsenschluß am 1. des Monats gegenüber dem Vortag – von 0,25%. Fast ebensogut ist der 2. und der 3. des Monats mit Kursgewinnen von 0,14% und 0,19% im Schnitt der letzten 33 Jahre. Das Monatsende mit dem 29. (+0,1%), dem 30. (+0,18%) und dem 31. (+0,18%) gehört ebenfalls zu der günstigen Zeit des Monats. Aus dieser Verteilung läßt sich wieder eine erfolgversprechende Strategie ableiten: Wenn ein Börsenteilnehmer am 28. eines jeden Monats einen Aktienindex kauft und ihn am 8. des Folgemonats wieder verkauft, hat er wahrscheinlich eine Reihe freundlicher Börsentage getroffen. Der statistische Kursgewinn beträgt 1,27% in dieser Zeitspanne. Nach Abzug der Spesen von

0,1% für je einen Kauf und einen Verkauf eines DAX-Aktientermin-indexes bleiben noch 1,17%. Multipliziert mit der Kontraktgröße von 170 000 (bei einem DAX-Stand von 1700) ergibt dies 1989 DM Gewinn.

Ein Anleger, der nicht kurzfristige Handlungsstrategien mit dem DAX-Index ausführt, sondern Transaktionen für die langfristige Aktienanlage plant, sollte berücksichtigen, daß sich vor dem 26. eines Monats in der Regel gute Kaufkurse und nach dem 8. eines Monat gute Verkaufskurse ergeben.

Die Deutung dieser Verteilung von guten und schlechten Börsentagen läßt sich nicht so sehr mit der Stimmung als mit den gehäuft auftretenden Liquiditätszuflüssen um den Monatsultimo herum erklären. So wird vermutlich eine Aktienanlage eher am Monatsanfang durchgeführt, wenn frisches Geld auf das Konto kommt, als auch am Monatsende, wenn noch Geld übriggeblieben ist. Dies gilt sowohl für den Privatanleger als auch für den professionellen Geldverwalter, wie zum Beispiel den Fondsmanager.

Durchschnittliche prozentuale Kursveränderung pro Monatstag

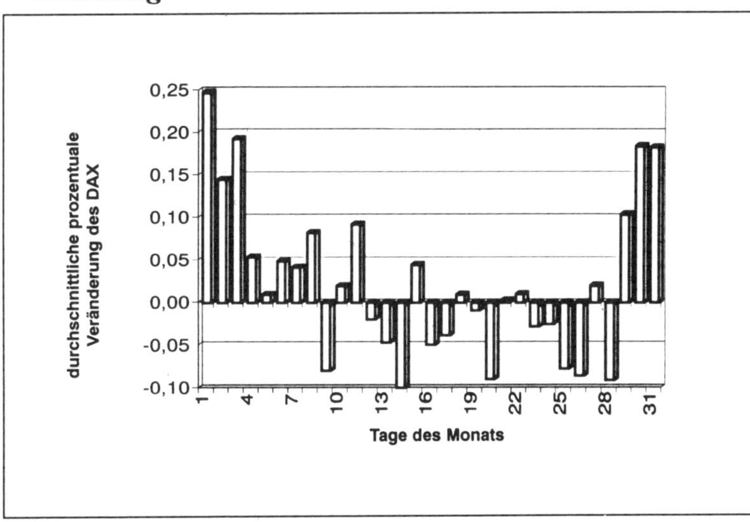

1.4 Monate

Die einzelnen Monate zeigen im langjährigen Durchschnitt eine deutliche Ausprägung steigender oder fallender Aktienkurse. Der Januar ist der freundlichste Monat des Jahres. Im Januar steigen die Aktien statistisch gesehen 2,3%. Dies mag damit zusammenhängen, daß im Januar neues Geld für die Aktienanlage zur Verfügung steht, durch Prämieneinnahmen der Versicherungen zum Beispiel, durch Steuerrückzahlungen oder durch ausgeschüttete Zinsen von Anleihen. Auch wird der Jahresverlauf am Anfang des Jahres oft optimistischer gesehen als in seiner Mitte.

Der Februar und der März sind ebenfalls gute Monate für die Aktie: Im Februar steigen die Aktienkurse 1,0% und im März 1,5%. Die gute Stimmung des Jahresanfangs mag noch in diese Monate mit hineinstrahlen und die zur Anlage bereitstehende Liquidität ist vielleicht noch nicht verbraucht.

Durchschnittliche prozentuale Kursveränderung pro Kalendermonat

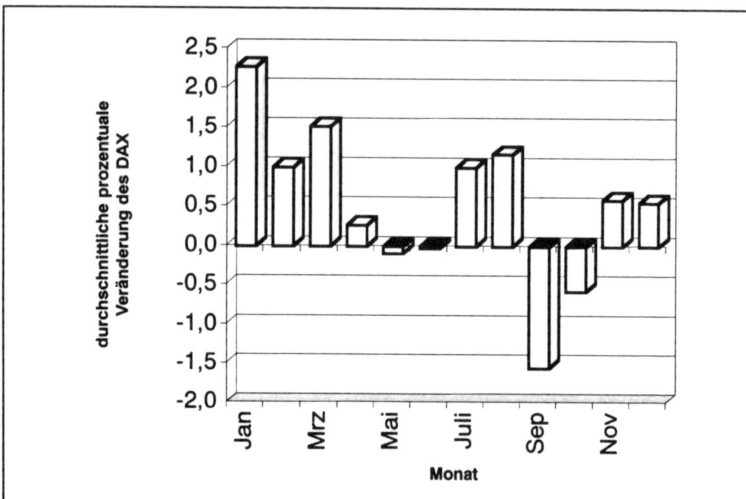

Im April geht den Aktienkursen dann langsam die Puste aus. Der April bringt nur noch ein mageres Plus von 0,3%. Der Mai mit -0,1% ist schon ein negativer Monat, und der Juni gibt mit +/-0% dem Aktionär auch nicht viel. Im April, Mai und Juni findet häufig eine Ernüchterung der Börsenteilnehmer statt. Der gute Verlauf des Jahres ist schon in den Kursen des April vorweggenommen, und das darauffolgende Jahr ist noch zu weit weg, um schon kursrelevant zu sein. Im Juli startet die berühmte Sommerrallye. Der Juli selbst legt 1,0% zu und der August noch einmal 1,2%. Möglicherweise ist vor den Sommerferien noch Geld anzulegen, oder die generell bei Sonnenschein vorhandene gute Stimmung schlägt auf den Aktienmarkt durch.

Nach dem Sommer beginnen die Problemmonate September und Oktober. Der September ist mit -1,6% der mit Abstand schlechteste Monat des Jahres, und auch der Oktober ist mit -1,0% ein übler Monat für die Aktien. Die jüngste Vergangenheit liefert Beispiele für dieses Aktienkursverhalten. Der große Crash von 1987 fiel in den Oktober und auch der Minicrash von 1989 fand im Oktober statt. Die „Golfkriegsbaisse" des Jahres 90 endete im September und der „Schlesingereinbruch" von 1992 – die deutsche Bundesbank leitete mit einer umstrittenen Leitzinserhöhung die schwerste Rezession seit dem Krieg ein – erstreckte sich über den September und den Oktober. Der November mit +0,6% und der Dezember mit ebenfalls +0,6% verschafften den Aktien dann eine leichte Erholung nach den Einbrüchen der vorangegangenen Monate.

Aus der oben gezeigten Grafik ergibt sich der mittlere Jahresgewinn aus der Summe der einzelnen Monate zu 6,3%. Diese 6,3% entsprechen der durchschnittlichen jährlichen Performance, also dem Gesamtertrag, den die Aktienanlage in den letzten 32 Jahren erbrachte.

Der hier verwandte DAX-Index ist ein Performance-Index, da er dividendenbereinigt ist: Bei der Berechnung des DAX wird angenommen, es würden von den ausgeschütteten Dividenden gleich wieder neue Aktien gekauft.

Der DAX wurde zwar erst 1988 eingeführt, aber von der Frankfurter Wertpapierbörse mit historischen Kursen zurückgerechnet. Aus diesem zurückgerechneten DAX ergeben sich dann die 6,3% als Gesamtertrag der Aktienanlage.

1.5 November - April

Aus der im vorigen Kapitel beschriebenen Tatsache, daß die Monate November, Dezember, Januar, Februar, März und April wesentlich freundlicher sind, als die andere Hälfte des Jahres, Mai bis Oktober, läßt sich eine vielversprechende Strategie herleiten. Die Monate November bis April bringen 6,3% Gewinn, genau soviel, wie das ganze Jahr an Erträgen liefert. Mai bis Oktober kommen nicht über +/- 0% hinaus. Das heißt, ein Anleger verpaßt statistisch nichts, wenn er nur vom 1.November bis zum 30. April investiert ist. Er vermeidet mögliche Gefahren eines Kurseinbruchs in der Zeit vom Mai bis Oktober und kann sein Geld in dieser Zeit zinsbringend anlegen. Ferner muß auch hier, wie bei allen Strategien in diesem Buch, das Prinzip des „least exposure" angewendet werden. Das heißt, bei gleichem statistischem Ertrag sollte immer die Strategie angewandt werden, die sich am wenigsten dem Aktienmarkt aussetzt. Mit anderen Worten, wenn der Anleger in sechs Monaten des Jahres 6,3% erzielen kann, warum soll sein Geld dann das ganze Jahr investiert sein?

Die Anlageempfehlung, am 1. November Aktien zu kaufen, sie am 30. April wieder zu verkaufen, bis zum nächsten 1. November zu warten, um wieder Aktien zu kaufen und so weiter, hätte sich in der Vergangenheit außerordentlich gut bewährt. So hätte diese Methode in den letzten 32 Jahren einen Gewinn von 389% gebracht. Aus tausend Mark Ende 1959 wären heute 4890 Mark geworden.

Die umgekehrte Strategie hätte in dieser Zeit sogar Verluste eingebracht: Hätte ein Investor am 1. Mai 1960 Aktien gekauft, sie bis zum 31. Oktober behalten, dann verkauft, gewartet bis zum nächsten 1.Mai, dann wieder Aktien gekauft und so weiter bis zum 31. Oktober 1992, würde er heute mit 17% Verlust dastehen. Von den 1000 Mark im Jahre 1960 wären heute nur noch 830 Mark übrig.

Natürlich gibt es Ausnahmen von dieser augenfälligen Struktur der Monatsverteilung:

Im Jahr 1985 stiegen die Aktien von Mai bis Oktober von 865 auf 1301 Punkte, also glatte 50%, und auch das Jahr 1988 lieferte im Sommerhalbjahr einen Kursgewinn von 25%. Der DAX stieg damals von 1051 auf 1310 Punkte. Doch in der Mehrzahl sind diese Monate für die Aktien von Übel, wie das Jahr 1987 zeigt. Auch 1990 und 1992 fielen große Kursabschwünge in diese Zeit: 1990 fielen die Aktien 23% von 1843 auf 1417 Punkte in der „Golfkriegsbaisse“, und 1992 fiel der DAX 15% von 1728 auf 1472 Punkte in der „Schlesingerbaisse“.

1.6 Jahre

Die einzelnen Jahre brachten unterschiedliche Ergebnisse an der Aktienbörse. Das beste Jahr seit 1960 war das Jahr 1985: 66,6% legten die Kurse zu. Es war das beste Jahr in den für die Börse goldenen Achtzigern. Es war geprägt von niedrigen Inflationsraten und fallenden Zinsen. Anlagealternativen verloren an Bedeutung durch die fallenden Inflationsraten. Immobilienpreise gaben nach und Festgeldzinsen lagen bei 4%.

Ähnliche Szenarien brachten 1993 mit 46,7% den dritthöchsten und 1983 mit 40,2% den vierthöchsten Gewinn. Zusätzlich kam 1983 sowie Ende 1993 die deutsche Wirtschaft gerade aus der Rezession. Auch 1988 und 1989 waren durch niedrige Inflationsraten und fallende Festgeldzinsen mit 32,7% und 34,9% außerordentlich günstig für den Aktionär.

Ähnlich gute Resultate lieferten vor 1980 nur 1967 mit 51,1% und 1975 mit 37%. Beide Male erholte sich die Wirtschaft gerade von einer Rezession. Die schlechtesten Jahre seit 1960 waren –

neben dem katastrophalen Einbruch 1987 mit -30,2% – die Jahre 1966 mit -21,1%, 1970 mit -28,8%, 1973 mit -26,1% und 1990 mit -21,9%. Die letzten vier Verlustjahre waren allesamt geprägt von steigenden Inflationsraten, steigenden Zinsen und, dadurch hervorgerufen oder zumindest beschleunigt, eine sich ankündigende Rezession.

Prozentuale Kursveränderung des jeweiligen Jahres

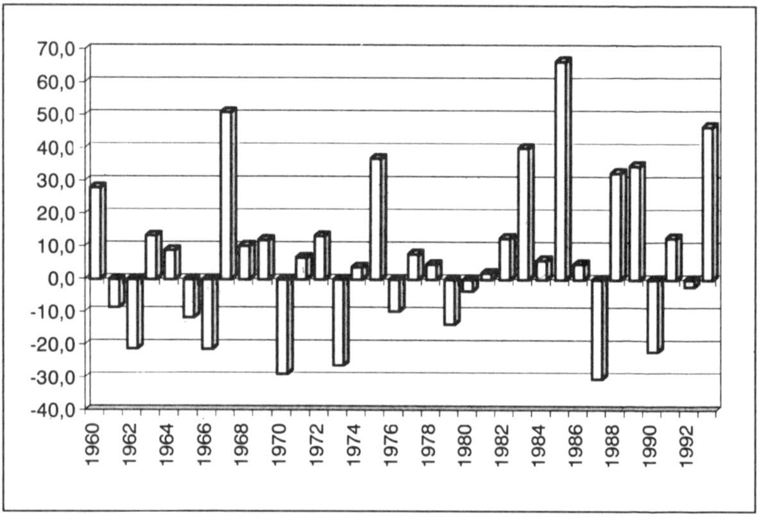

1.7 Zehn-Jahres-Rhythmus

Es fällt bei der Ordnung der Ergebnisse nach der Endziffer des Jahres auf, daß ein Jahr, das mit einer 5 endet, statistisch gesehen besser abschneidet, als die anderen Jahre. Auch die Jahreszahlen, die auf 3, 4, 7, 8 und 9 enden bringen noch ein Plus. Jahre, die mit einer 6 oder einer 0 enden, liefern bei dieser Aufschlüsselung ein negatives Resultat.

Durchschnittliche jährliche Kursveränderung nach Jahresendziffer geordnet

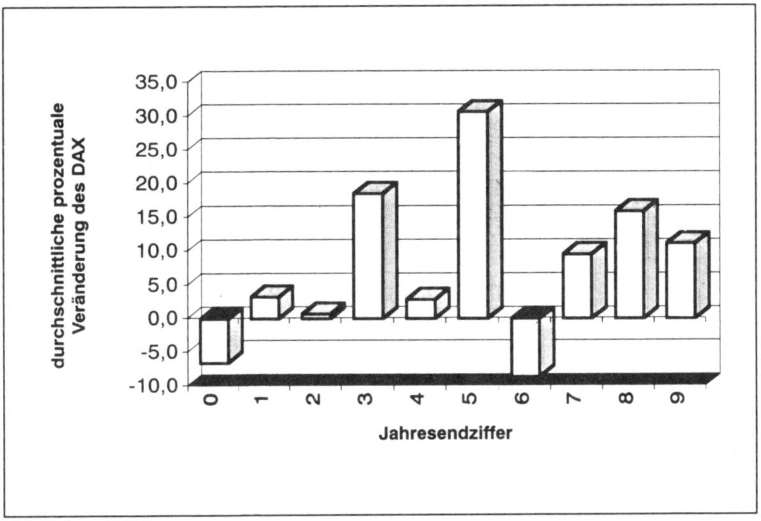

1.8 Vier-Jahres-Rhythmus

Ein in den Vereinigten Staaten auftretender vier-Jahres-Rhythmus, der mit den alle vier Jahre stattfindenden Präsidentschaftswahlen zusammenhängt, läßt sich auch in Deutschland nachweisen. So bringen die Wahljahre in den USA , 1960, 1964, 1968, 1972, 1976, 1980, 1984, 1988 und 1992 in Deutschland im Durchschnitt einen Kursgewinn an der Börse von 9,4%. Besser noch sind die Vorwahljahre mit je 14,7% durchschnittlich. Auch die Nachwahljahre bringen noch einen Kursgewinn von 13,7%. Die Jahre dazwischen jedoch, zwei Jahre vor einer Wahl und zwei Jahre nach einer Wahl, auch „midterm" genannt, bringen Verluste, und zwar -8,4% pro midterm. Das Phänomen des freundlichen Vorwahljahres wird in den USA auf die Wahlversprechen der Kandidaten und die angesichts einer nahenden Wahl etwas lockerere Politik der amerikanischen Notenbank zurückgeführt.

Durchschnittliche jährliche Kursveränderung nach US - Wahlzyklus geordnet

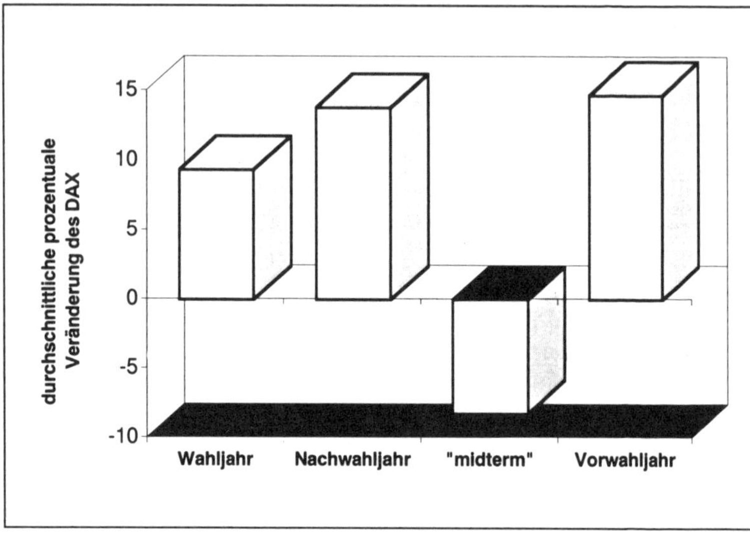

1.9 Die ersten 5 Tage im Januar

Als sehr hilfreich für eine Einschätzung des weiteren Verlaufs eines Börsenjahres erweist sich der „Die-ersten-5-Tage-im-Januar-Indikator".

Bei diesem Indikator wird aus dem Verlauf der ersten 5 Börsentage auf das Ergebnis des gesamten Jahres geschlossen. Sind die ersten 5 Tage gut, wird auch das Jahr gut, sind sie es nicht, so folgt ein schlechtes Börsenjahr.

In der Vergangenheit hat dieser Indikator in 70% der Fälle gestimmt. Die ersten 5 Tage sind also ein erster Hinweis auf zu erwartende Gewinne oder Verluste im neuen Börsenjahr.

Jahr	1. bis 5. Tag im Januar	Jahr	Indik. stimmte
1.960	0,5	28,1	1
1.961	-1,5	-8,4	1
1.962	-3,1	-21,1	1
1.963	-3,1	13,5	
1.964	3,9	8,9	1
1.965	2,9	-11,5	
1.966	1,4	-21,1	
1.967	0,9	51,1	1
1.968	3	10,3	1
1.969	0,7	12,1	1
1.970	0,2	-28,8	
1.971	6,3	6,8	1
1.972	0,6	13,3	1
1.973	3,5	-26,1	
1.974	3	3,8	1
1.975	3,9	37	1
1.976	1,1	-9,6	
1.977	2,8	7,9	1
1.978	1,1	4,7	1
1.979	2,1	-13,6	
1.980	-0,6	-3,4	1
1.981	1,9	2,1	1
1.982	1	12,7	1
1.983	0,9	40,2	1
1.984	3,4	5,9	1
1.985	2,7	66,6	1
1.986	7,9	4,8	1
1.987	-3,5	-30,2	1
1.988	2,5	32,7	1
1.989	2,4	34,9	1
1.990	3	-21,9	
1.991	-1,6	12,8	
1.992	0,1	-2	
1.993	-0,9	46,7	
1994	-2,5	-7	1
Durchschnitt:			0,7

2. POLITISCHE INDIKATOREN

Welche politische Partei gerade an der Regierung ist, spielt eine Rolle für den Aktienmarkt. Es hat sich erwiesen, daß Zeiten mit einer CDU/FDP-Regierung besser für die Aktienbörse sind als Zeiten mit einer SPD/FDP-Regierung. Die konservative Regierungszeit seit 1961 brachte 168,2% Kursgewinn, während 13 Jahre und 6 Monate sozialliberale Koalition 5,2% Kursavancen brachten.

Umgerechnet ergibt das pro Regierungsjahr 11,4% per annum für die CDU/FDP und 0,4% per annum für die SPD/FDP. Die große Koalition aus CDU und SPD von September 1965 bis September 1969 hinterließ an der Börse ein Plus von 28,4%.

2.1 DAX und Regierungskoalition

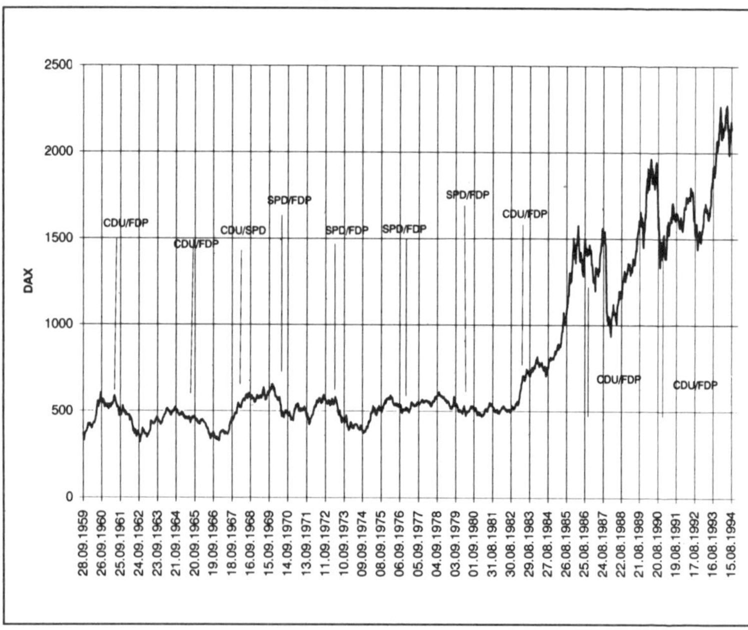

Die signifikant bessere Börsenperformance der CDU/FDP-Zeit lag zum Teil daran, daß die Regierungszeit der Konservativen in ein internationales Umfeld mit niedrigen Inflationsraten, niedrigen Zinsen und international haussierenden Wertpapierbörsen fiel, während die SPD/FDP-Ära von zwei Ölkrisen mit anschließenden Rezessionen heimgesucht wurde. Außerdem legte auch das Parteiprogramm der CDU mehr Gewicht auf eine blühende Wirtschaft, während das SPD-Programm der damaligen Zeit mehr die soziale Gerechtigkeit auf ihre Fahnen geschrieben hatte. Die traditionelle Nähe zur Wirtschaft und die größere ökonomische Kompetenz spiegelte sich auch in der besseren Aktienkursentwicklung der jeweiligen Zeit wieder.

Regierungsperiode	Regierung	Aktienkurs-Änderung in dieser Zeit
17.09.1961 - 19.9.1965	CDU/FDP	-2,1
19.09.1965 - 28.9.1969	CDU/SPD	28,4
28.09.1969 - 19.11.1972	SPD/FDP	-6,6
19.11.1972 - 3.10.1976	SPD/FDP	-3,7
03.10.1976 - 5.10.1980	SPD/FDP	-2
05.10.1980 - 6.3.1983	SPD/FDP	17,5
06.03.1983 - 25.1.1987	CDU/FDP	114
25.01.1987 - 3.10.1990	CDU/FDP	10,3
03.10.1990 - 14.10.1994	CDU/FDP	46

1.2 Der Tag nach der Wahl

Der Tag nach der Wahl läßt Rückschlüsse zu auf den weiteren Kursverlauf in der neuen Regierungszeit. Außer bei der Wahl 1987, bei welcher der Tag nach der Wahl ein Kursminus von 2,9% brachte, die gesamte Regierungszeit jedoch ein Plus von 10,3% und der von 1990, bei der die Aktienkursveränderung nach der Wahl mit -1,6% eine schlechte 4-Jahres-Periode prognostizierte, die jedoch nicht kam, ließ sich an Hand des Nachwahltages die Börsentendenz für die Regierungsperiode korrekt voraussagen. 1961, 1969, 1972 und 1976 fielen die Kurse am Tag nach der Wahl, und auch nach Ablauf der Legislaturperiode lagen sie tiefer. 1965, 1980 und 1983 stiegen die Kurse am Tag nach der Wahl und lagen nach Ablauf der Regierungsperiode im Plus.

Wahltag	Kursänderung Tag nach der Wahl gegen Tag vor der Wahl	Sieger	Kursänderung der gesamten Legislaturperiode	Prognose des Tages nach der Wahl stimmte
17.09.1961	-2,7	CDU/FDP	-2,1	ja
19.09.1965	0,6	CDU/SPD	28,4	ja
28.09.1969	-0,5	SPD/FDP	6,6	ja
19.11.1972	-1,5	SPD/FDP	-3,7	ja
03.10.1976	-1,9	SPD/FDP	-2	ja
05.10.1980	1,1	SPD/FDP	17,5	ja
06.03.1983	2,8	CDU/FDP	114	ja
25.01.1987	-2,9	CDU/FDP	10,3	nein
03.10.1990	-1,6	CDU/FDP	46	nein
16.10.1994	-0,8	CDU/FDP	?	

Interessanterweise läßt sich kein Zusammenhang feststellen zwischen dem Kursverlauf des DAX-Indexes 4 Wochen vor der Wahl und dem Ergebnis der Wahl. In den letzten vier Wochen vor dem Sieg der sozialliberalen Koalition 1972 stieg der DAX 3,2%. Auch verlor der DAX in den vier Wochen vor dem Sieg von CDU und FDP 1987 6,1%. Vor dem Sieg der Konservativ-Liberalen 1990 verlor der DAX gar 9,2%. Der Kursverlauf der letzten 6 Monate vor der Wahl gibt ebenfalls keinen Hinweis auf den kommenden Gewinner.

Jahr	Veränderung in letzten 6 Monaten	4 Wochen	Sieger
1961	- 7,7	- 4,8%	CDU/FDP
1965	3,7	3,2%	CDU/SPD
1969	4,2	0	SPD/FDP
1972	0	3,5%	SPD/FDP
1976	- 7,7	0	SPD/FDP
1980	3,2	0	SPD/FDP
1983	14,8	10%	CDU/FDP
1987	- 3,3	- 6,1%	CDU/FDP
1990	- 24	- 9,2%	CDU/FDP

Das Fazit aus der Betrachtung der politischen Börsen ist, daß eine konservative Regierung für die Aktienanlage besser ist als eine sozialdemokratisch geführte.

Der Nachwahltag wird eine Einschätzung für die Börsentendenz der nächsten Jahre liefern.

Aus dem Börsenkursverlauf der vier Wochen vor der Wahl läßt sich das Ergebnis der Wahl nicht vorhersagen.

3. WIRTSCHAFTLICHE INDIKATOREN

3.1 Lohnindikator

Dieser zuverlässige Langfristindikator mit einer Trefferquote von über 80% vergleicht den Lohnabschluß im öffentlichen Dienst mit der zu erwartenden Inflationsrate. Liegt der Lohnabschluß mehr als 1,5 Prozentpunkte über der Inflationsrate, prophezeit dieser sogenannte Lohnindikator eine Baisse, Abschlüsse darunter sind gut für die Aktienbörse. Warum dies so ist, läßt sich leicht nachvollziehen. Bei zu hohen Lohnzahlungen verstärkt sich der Inflationsdruck, den die Bundesbank dann mit höheren Zinsen zu bekämpfen sucht, was wiederum Gift für die Börse ist. Umgekehrt bringen sinkende Zinsen aufgrund des nachlassenden Inflationsdrucks bei moderaten Tarifabschlüssen die Börse in Jubelstimmung. So brachten 1988 und 1989 Lohnabschlüsse etwa in Höhe der Inflationsrate die Aktienkurse 28% bzw. 17% nach oben, oder die Jahre 1982 und 1984 mit Reallohneinbußen hatten regelrechte Haussen mit +32% und +37% zur Folge. Die Tariferhöhungen 1986 und 1987, die 3,4 bzw. 3,2 Prozentpunkte über der Inflationsrate lagen, wurden mit -13% und -16% bei den Aktien quittiert.

Lohnerhöhungen, die zwei Prozentpunkte über der Teuerungsrate liegen, bringen im Durchschnitt einen Verlust von 12%, Erhöhungen unterhalb der Teuerungsrate dagegen ein Plus von 15%.

Lohnerhöhung und Aktienkursentwicklung 1972 - 1995

Jahr	Lohn in %	Inflation in %	Differenz in %	Aktienkurse 1 Jahr später in %	Indikator stimmte
1.972	7,7	5,6	2,1	-6	j
1.973	8,1	6,9	1,2	-15	n
1.974	10,9	6,9	4	15	n
1.975	5,8	5,9	-0,1	9	j

1.976	3,4	4,4	-1	0	j
1.977	5	3,6	1,4	9	j
1.978	4,4	2,7	1,7	-4	j
1.979	3,9	4,2	-0,3	-5	n
1.980	5,6	5,4	0,2	0	j
1.981	3,6	6,3	-2,7	1	j
1.982	3,8	5,2	-1,4	32	j
1.983	3,5	3,3	0,2	13	j
1.984	1	2,4	-1,4	37	j
1.985	3,2	2	1,2	41	j
1.986	3,4	0	3,4	-13	j
1.987	3,4	0,2	3,2	-16	j
1.988	1,8	1,3	0,5	28	j
1.989	1,9	2,8	-0,9	17	j
1.990	3,5	2,7	0,8	-10	n
1.991	5,9	3,5	2,4	-3	j
1.992	2,7	4,5	-1,8	7,2	j
1.993	5,6	4,1	1,5	14,1	j
1.994	0,8	3,0	-2,2	?	?
1.995	3,2	2,0	1,2	?	?

In der Tabelle wird unter „Aktien 1 Jahr später" die Veränderung des Aktienindexes des statistischen Bundesamtes angegeben. „1972 Aktien minus 6 Prozent" heißt zum Beispiel, daß der Durschschnittskurs des Aktienindexes des statistischen Bundesamtes des Jahres 1973 6 Prozent tiefer lag als der Durchschnittskurs des Jahres 1972.

Der 1994er Abschluß von 0,8%, der 2,2% unter der Teuerungsrate lag, sollte also 1995 für deutlich steigende Aktienkurse sorgen. Bei einem Lohnabschluß unter der Inflationsrate sind 15% Kursplus beim Aktienindex realistisch. Die 3,2 prozentige Lohnerhöhung für 1995 ist für den Börsianer ebenfalls vertretbar, da sie nur 1,2% über einer angenommenen Preissteigerungsrate von 2% liegt. Für 1996 zeigt dieser ÖTV-Indikator, der 18 mal in den letzten 22 Jahren gestimmt hat, also auch noch grünes Licht.

3.2 Inflationsrate

Einer der wichtigsten Einflußfaktoren für die Bewertung des Aktienmarktes ist die Inflationsrate. Hierbei ist der Wirkzusammenhang so, daß eine hohe oder steigende Inflationsrate mit hoher Wahrscheinlichkeit eine verschärfte Geldpolitik der Bundesbank nach sich zieht mit dem Ziel, die Inflationsrate zu drücken. Eine niedrige oder, besser noch, eine fallende Inflationsrate dagegen eröffnet der Bundesbank Spielraum, die Zinsen zu senken, was wiederum doppelt dem Aktienmarkt zugute kommt: Erstens bedeuten niedrige Zinsen für Anleihen zum Beispiel eine vergleichsweise schlechtere Alternative zur Aktienanlage, und zweitens werden sehr viele Unternehmen auf der Fremdkapitalseite durch geringere Finanzierungskosten entlastet, was wiederum den Gewinnen der Firmen zugute kommt.

Jahr	Inflation	Aktienindex
1963	3	85
1964	2,3	97,7
1965	3,2	87
1966	3,5	73,7
1967	1,6	75,2
1968	1,6	96,6
1969	1,9	107,5
1970	3,6	96,2
1971	5,1	93,4
1972	5,6	102,2
1973	6,9	96,2
1974	6,9	82
1975	5,9	94,4
1976	4,4	102,2
1977	3,6	102,1
1978	2,7	111,4
1979	4,2	106,8
1980	5,4	101,9
1981	6,3	101,8

1982	5,2	102,2
1983	3,3	135,2
1984	2,4	153,6
1985	2	209,2
1986	-0,1	295,7
1987	0,3	257,5
1988	1,2	217,9
1989	2,8	278,5
1990	2,7	326,3
1991	3,5	295,6
1992	4,5	287,6
1993	4,1	308,4
1994	3,0	351,9

Der Zusammenhang zwischen Inflationsrate und DAX läßt sich in der nachfolgenden Grafik eindrucksvoll zeigen. Die dargestellten Kurven des Aktienindexes des statistischen Bundesamtes und der Inflationsrate sind gegenläufig. Besonders fällt der starke Aktienanstieg von 1982 bis 1985 auf, der einhergeht mit oder ausgelöst wurde durch Sinken der Inflationsrate von über 6% im Jahre 1982 auf 0% im Jahre 1985.

Inflationsrate und DAX 1963 -1993

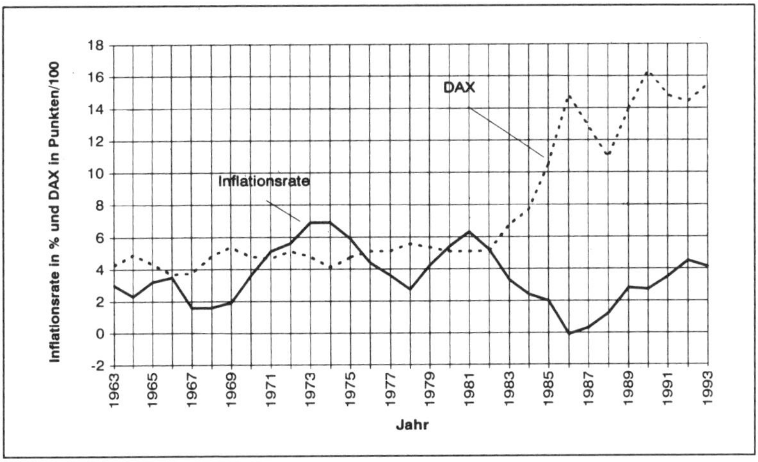

3.3 Auftragseingangsindikator

Zwischen der Veränderung des Auftragseingangs im verarbeitenden Gewerbe und der Aktienkursentwicklung läßt sich kein eindeutiger Zusammenhang feststellen. Ein hoher Auftragseingang zieht keine hohen Aktienkurse nach sich, sondern eher das Gegenteil. In den Jahren mit dem höchsten Auftragseingang, 1976 mit 13,5% und 1979 mit 10,9%, verlor die Börse 9,6%, beziehungsweise 13,6%. Dies läßt sich so erklären, daß in Jahren, in denen die Wirtschaft mit hohem Auftragseingang gut läuft, Lohnforderungen entstehen, die die Inflationsrate nach oben treiben und somit die Bundesbank mit Zinserhöhungen auf den Plan rufen, um die Inflationserwartungen zu bekämpfen. So konnten in Jahren mit ermäßigten Auftragseingängen, etwa 1975 mit -1,8% und 1983 mit 4,4%, die Aktien 37% beziehungsweise 40,2% steigen. Ja, sogar die mit minus 7,5% fallenden Auftragseingänge des Jahres 1993 hinderten den DAX nicht daran, 46,7% zuzulegen.

Jahr	Auftags-eingang	Aktien
1974	8,3	3,8
1975	-1,8	37
1976	13,5	-9,6
1977	1,1	7,9
1978	5	4,7
1979	10,9	-13,6
1980	3,8	-3,4
1981	4,5	2,1
1982	-1,1	12,7
1983	4,4	40,2
1984	9,5	5,9
1985	8,1	66,6
1986	0,1	4,8
1987	0,2	-30,2
1988	9,8	32,7

1989	11,1	34,9
1990	5,7	-21,9
1991	2,3	12,8
1992	-2,3	-2
1993	-7,5	46,7

Nachfolgend sind die prozentualen Kursveränderungen des DAX aufgetragen und die Auftragseingänge im verarbeitenden Gewerbe:

Auftragseingang der verarbeitenden Industrie und jährliche prozentuale Kursveränderung des DAX

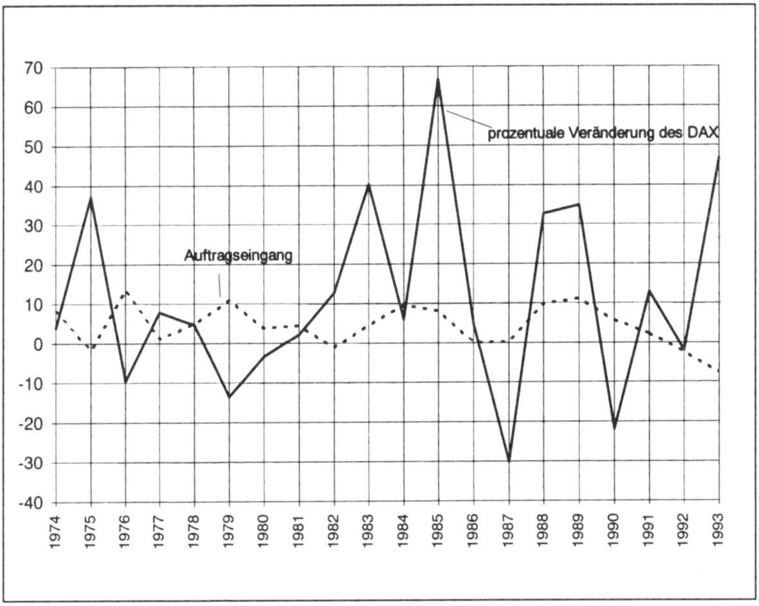

Es läßt sich erkennen, daß der DAX sich unbeeinflußt von der realen Auftragslage der Wirtschaft verhält.

3.4 Währungsindikator

In der nachfolgenden Grafik ist der deutsche Aktienindex aufgetragen gegen den Außenwert der DM gegenüber dem Dollar. Dieser Außenwert der DM gegenüber dem Dollar entspricht dem Inversen des Dollarkurses in DM gemessen. Steigt der Dollar, fällt der Außenwert der DM und umgekehrt.

Hierbei läßt sich feststellen, daß bei einem fallenden Außenwert der DM, somit bei steigendem Dollar, die Aktien in der Regel steigen, und daß bei einem steigenden Außenwert der DM, somit bei fallendem Dollar, die Aktien bevorzugt fallen.

Dies erklärt sich dadurch, daß bei steigendem Dollar deutsche Firmen, die in Deutschland zu deutschen Kosten produzieren, beim Export durch einen steigenden Dollar mehr DM erlösen und somit den Gewinn steigern, was sich positiv auf den Aktienkurs auswirkt. Umgekehrt läßt ein sinkender Dollar die Erlöse aus Exporten in den Dollarraum schrumpfen.

Da ein großer Teil der deutschen Aktien, die im DAX vertreten sind, ausgesprochene Exportwerte sind, wird auch der gesamte Aktienindex durch die Bewegungen des Dollars beeinflußt.

Nun ist die Aktienkursprognose durch die Korrelation von Dollar und Aktien nicht viel einfacher geworden, denn der zukünftige Kurs des US Dollars ist schwer vorherzusehen.

Generell läßt sich jedoch sagen, daß sich eine gut laufende amerikanische Wirtschaft mit einem deutlich steigenden Bruttosozialprodukt längerfristig gut auf die deutsche Aktienkursentwicklung auswirkt. Ein steigendes Bruttosozialprodukt in Amerika bringt steigende Exporte deutscher Lieferfirmen mit sich, und der durch den hohen Kapitalbedarf des Booms zulegende Dollar sorgt zusätzlich für steigende Gewinne. Eine gute US Wirtschaftslage sollte also durchaus noch für längere Zeit steigende Aktienkurse in Deutschland bringen.

DAX und realer Außenwert der DM gegenüber dem Dollar

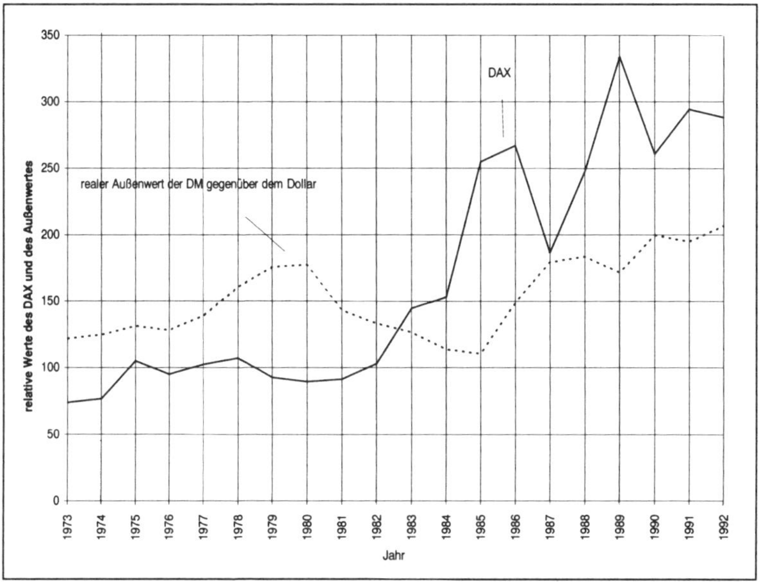

Werden die Währungsuntersuchungen breiter angelegt und nicht nur auf den Dollar bezogen, so wird der Aktienindex aufgetragen gegen den realen Außenwert der DM. Unter dem realen Außenwert der DM wird hier der gewogene Außenwert gegenüber 18 Industrieländern nach Ausschaltung der unterschiedlichen Preissteigerungsraten verstanden.

Gewogen wurde der Außenwert nach der Wichtigkeit der beteiligten Währungen für den deutschen Außenhandel.

DAX und realer Außenwert der DM gegenüber 18 Währungen

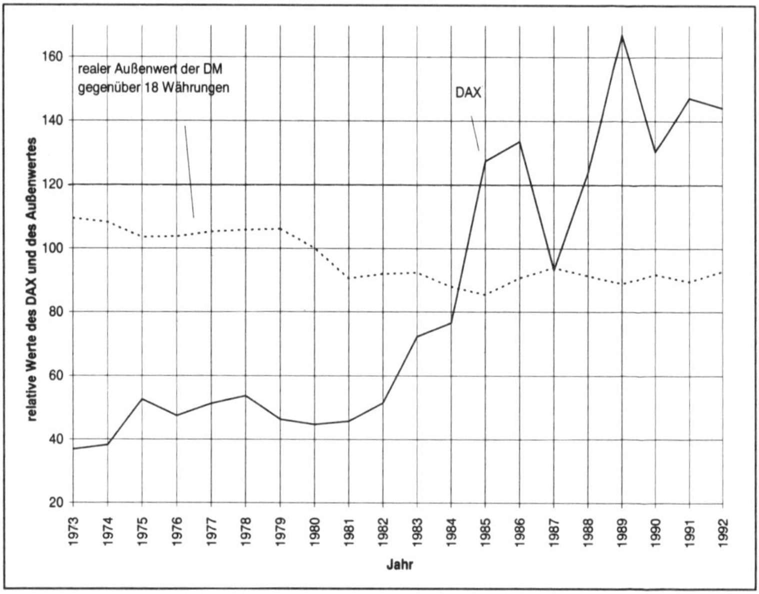

In dieser Grafik läßt sich ebenfalls erkennen, daß ein fallender Außenwert der DM sich günstig auf die Aktienkursentwicklung auswirkt. Die Gründe hierfür sind dieselben wie schon beim Außenwert der DM gegen den Dollar. So wird oft von einer Abwertungshausse gesprochen, wenn die Aktien aufgrund der fallenden eigenen Währung steigen. Die Industrieunternehmen werden wettbewerbsfähiger und profitabler, wenn die eigene Währung schwächer gegen die Währungen der Handelspartner tendiert. Dieser Vorteil geht jedoch sehr oft schon bald verloren, denn die Wettbewerbsfähigkeit wurde nicht durch höhere Produktivität, sondern durch einen Währungsverfall erzielt, der den Unternehmen nur vorübergehend erhöhte Erlöse beschert.

4. STIMMUNGSINDIKATOREN

4.1 Put/Call-Verhältnis

Stimmungsindikatoren versuchen den Grad an Optimismus oder Pessimismus der Börsenteilnehmer zu messen. Das put/call-Verhältnis (der Quotient aus der Anzahl der gehandelten oder neu abgeschlossenen Verkaufs- und Kaufoptionen) ist ein solcher Stimmungsindikator. Wenn viele puts, also Verkaufsoptionen, gehandelt werden, sind viele Anleger skeptisch, denn sie rechnen ja mit sinkenden Kursen. Werden viele calls, also Kaufoptionen, gehandelt, herrscht Optimismus vor.

Vor 20 Jahren wurde von dem amerikanischen Börsenbriefherausgeber und Fondsverwalter Martin Zweig das put/call-Verhältnis als Stimmungsindikator und Prognoseinstrument entdeckt und erstmalig berechnet. Die zugrundeliegende Idee dabei ist einfach: Wenn zuviele Marktteilnehmer positiv gestimmt sind, haben diese in der Regel schon Aktien gekauft, es fehlt also an neuen Käufern, die die Kurse nach oben treiben könnten. Sind zu viele Börsianer dagegen negativ gestimmt, haben diejenigen von ihnen, die verkaufen wollten, bereits verkauft, und mögliche Käufer haben noch nicht zugegriffen.

Es fehlt an weiterem Verkaufsdruck und die Aktien können wieder zu steigen beginnen. Wenn das put/call-Verhältnis eine bestimmte Größe überschritten hat, wird der Stimmungsindikator zum Kontraindikator. Zuviel Pessimismus spricht für steigende und zuviel Optimismus für fallende Aktienkurse in naher Zukunft.

Aus der Tabelle ergibt sich, daß das put/call-Verhältnis im langjährigen Vergleich 0,31 beträgt. Zahlen darunter zeigen überdurchschnittlich großen Optimismus und Zahlen darüber überdurchschnittlich großen Pessimismus an.

Anzahl der call- und put-Optionen 1970 - 1992

Jahr	Aktien	put-Optionen Neuabschlüsse	call-Optionen Neuabschlüsse	put/call Verhältnis
1.970	-28,8	200	2.030	0,1
1.971	6,8	1.161	8.775	0,13
1.972	13,3	2.905	9.505	0,31
1.973	-26,1	5.180	13.558	0,38
1.974	3,8	3.933	19.308	0,2
1.975	37	9.724	31.889	0,3
1.976	-9,6	10.403	38.753	0,27
1.977	7,9	10.332	28.105	0,37
1.978	4,7	18.218	55.545	0,33
1.979	-13,6	18.993	43.379	0,44
1.980	-3,4	17.729	47.211	0,38
1.981	2,1	17.290	47.775	0,36
1.982	12,7	18.010	54.881	0,33
1.983	40,2	33.634	145.121	0,23
1.984	5,9	39.613	157.797	0,25
1.985	66,6	106.755	354.483	0,3
1.986	4,8	82.664	418.576	0,2
1.987	-30,2	52.366	313.606	0,17
1.988	32,7	48.515	253.772	0,19
1.989	34,9	204.947	944.179	0,22
1.990	-21,9	150.602	457.109	0,33
1.991	12,8	59.146	161.444	0,37
1.992	-2	94.152	92.794	1,01

Aus der grafischen Übereinanderlegung von DAX und put/call-Verhältnis wird ersichtlich, daß tatsächlich bei hohen DAX-Kursen das put/call-Verhältnis niedrig ist und umgekehrt.

In der praktischen Anwendung dieses Indikators ergeben sich jedoch beträchtliche Schwierigkeiten. Wann ist Optimismus zuviel Optimismus? Wie tief muß also das put/call - Verhältnis fallen, bis eine Umkehr des Aktientrends erfolgt? Oft hält Optimismus an der Börse wochen- oder monatelang an.

Der put/call-Indikator sollte nur zusätzlich zu anderen Indikatoren benutzt werden. Für sich allein genommen führt seine Anwendung nicht selten in die Irre.

4.2 DAX und put/call-Verhältnis aus Aktienoptionen

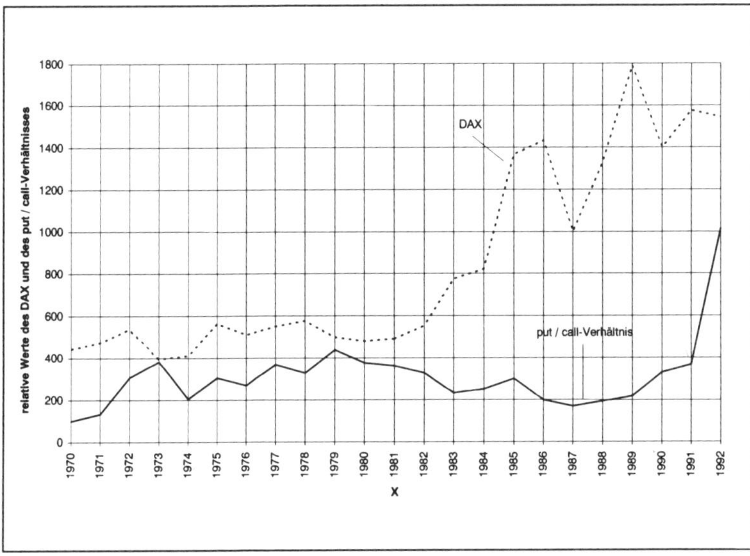

4.3 Put/Call-Verhältnis aus DAX-Optionen

In der vorangegangenen Grafik wurde das gezeigte put/call-Verhältnis aus neuabgeschlossenen Optionen auf die einzelnen Aktien berechnet. Nun sind auch call- und put-Optionen auf den DAX-Future seit August 1991 handelbar. Ein berechnetes put/call-Verhältnis aus den gehandelten Optionen auf den DAX-Future sollte aus zwei Gründen ein exakteres Maß für den Optimismus werden, als es in den vielen Jahren zuvor das put/call-Verhältnis aus gehandelten Aktienoptionen war.

Erstens ist mittlerweile der DAX-Future das beinahe am meisten gehandelte Instrument in Deutschland überhaupt, weswegen die Liquidität in DAX-Optionen größer ist als die in den einzelnen Aktienoptionen. So kommt es bei DAX-Optionen nicht, wie früher oft bei den Aktienoptionen, zu gestellten Geld- oder Briefkursen ohne Umsatz, weil entweder das Angebot oder die Nachfrage fehlte.

Zweitens wird das put/call-Verhältnis der DAX-Optionen nicht verfälscht durch das sogenannte „dividend stripping“: Beim dividend stripping erwirbt ein Anleger, der die Steuergutschrift für inländische Anleger nicht nutzen kann, vor der Dividendenzahlung eine entsprechende put-Option und verkauft dafür seine Aktien.

Nach der Dividendenzahlung bezieht er über die put-Option wieder die Aktien, um den Dividendenabschlag und einen Teil der Steuergutschrift vermindert. Diese Aktion hat für den Dividendenstripper steuerliche Vorteile, bläht aber die Zahl der gehandelten put-Optionen auf, ohne daß die entsprechende Anzahl Marktteilnehmer pessimistisch gestimmt ist.

So zeigt nun dieses put/call-Verhältnis, berechnet aus den DAX-Optionen, wie die nächsten Grafiken aussagen, daß es im Durchschnitt der zwei Jahre, von August 1991 bis zum Juni 1993, mit 1,06 historisch gesehen sehr hoch war. Im Durchschnitt der Jahre 1970 bis 1993 allerdings, berechnet aus neuabgeschlossenen Aktienoptionen, war es nur 0,31. In der Darstellung des put/call - Verhältnisses in täglicher Darstellung läßt sich sehen, daß in Zeiten tiefer Kurse das put/call-Verhältnis hoch ist und umgekehrt.

DAX und put/call-Verhältnis aus DAX-Optionen

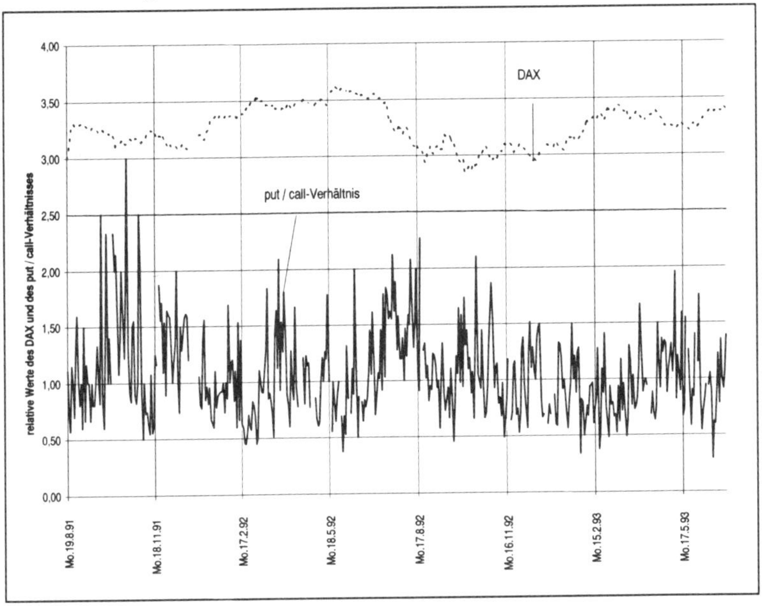

Das put/call-Verhältnis schwankte von August 1991 bis Juli 1993 zwischen 3,0 und 0,33.

Wenn der Anleger das put/call-Verhältnis nun als Indikator benutzt hätte, zum Beispiel einen Kauf bei einem Verhältnis von 2,0 oder größer und einen Verkauf bei 0,5 oder kleiner getätigt hätte, wäre das erste Kaufsignal am 23.9.91 mit einem put/call-Verhältnis von 2,5 bei einem DAX-Stand von 1614 erschienen. Ein Verhältnis von 0,5 am 5.11.91 hätte sechs Wochen später bei einem DAX-Stand von 1576 einen Verkauf nahegelegt. Das Resultat wäre ein Verlust von 2,4% gewesen. Das nächste Kaufsignal am 10.12.91 hätte bis zum nächsten Verkaufssignal am 19.2.92 immerhin einen Gewinn von 8,7% ergeben. Vier weitere Kauf- und Verkaufssignale erschienen bis Juli 1993 und erzielten plus 4,5%, minus 0,2%, minus 4,8% und plus 5,6%.

Zusammengenommen ergab dies ein Plus von 11,8 Prozent in zwei Jahren. Der DAX selbst ist im gleichen Zeitraum jedoch 13,3% gestiegen. Das Beachten des put/call-Verhältnisses als Indikator hätte also nicht dazu verholfen, besser abzuschneiden als der DAX.

Auch eine Verwendung von anderen Auslöseleveln, etwa 1,8 für einen Kauf und 0,6 für einen Verkauf oder die Verwendung einer geglätteten Kurve des put/call-Verhältnisses, führen nicht zu einer wesentlichen Verbesserung des Ergebnisses.

Das put/call-Verhältnis, so bestechend einfach und überzeugend es in der Theorie ist, läßt sich leider nur schwer in Börsenerfolg umsetzen. Das Problem ist, daß großer Optimismus, der als Verkaufssignal gilt, oft über Monate anhalten kann. Zum aktuellen „timen" von Börsengeschäften ist das put/call-Verhältnis wenig geeignet.

4.3 Optionsscheinindikator

Der Optionsschein-Indikator bewertet das Verhältnis des Wertpapierumsatzes von Aktien zu dem der Optionsscheine. Die Optionsscheine sind relativ zu den Aktien ein spekulativeres Investment, so daß ein hoher Umsatz in diesen Optionsscheinen eine generell positive Einstellung der Börsianer zur weiteren Kursentwicklung widerspiegelt. Dieser Optimismus, ja manchmal sogar die spekulative Überhitzung, die ein hoher Optionsscheinumsatz anzeigt, ist ein längerfristiges Warnsignal für den Aktienmarkt. In der Praxis jedoch läßt sich ein eindeutiger Zusammenhang zwischen Optionsscheinumsatz und zukünftiger Börsenkursentwicklung nicht feststellen. Allerdings hatte die Tatsache, daß es seit 1991 eine deutsche Terminbörse gibt, einen Einfluß darauf, daß 1991 und 1992 so geringe Umsätze in den spekulativen Optionsscheinen stattfand. Als Fazit lassen sich kaum prognostische Aussagen aus diesem Indikator gewinnen.

Verhältnis Optionsscheinumsatz zu Aktienumsatz 1987 bis 1992

Jahr	Aktien	Umsatz Aktien	Umsatz Options- scheine	Verhältnis Aktien / O`schein
1987	1000	351	40	0,11
1988	1327	315	20	0,06
1989	1790	626	58	0,09
1990	1398	989	95	0,10
1991	1577	839	29	0,03
1992	1545	911	32	0,04
1993	2267,0	1309	65	0,05

DAX und Verhältnis von Optionsscheinumsatz zu Aktienumsatz

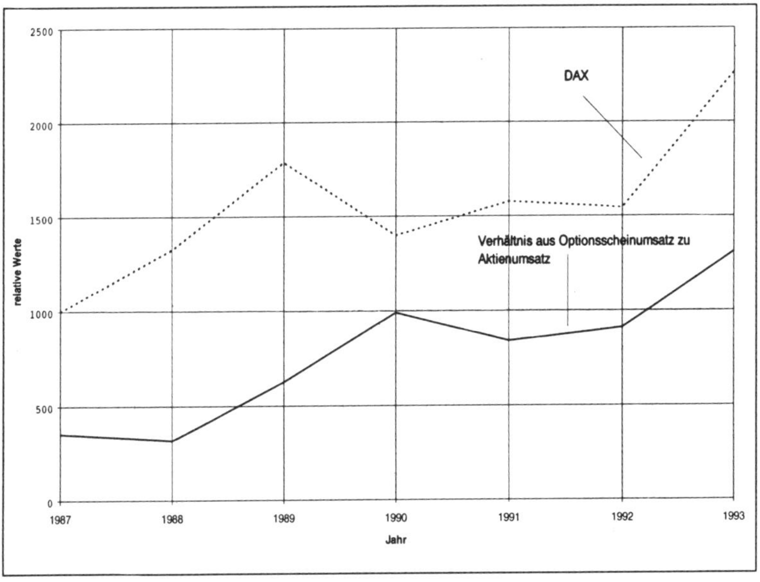

5. ZINSINDIKATOREN

5.1 Diskontsatz

Die weitaus wichtigste Einflußgröße für den Aktienmarkt ist der Diskontsatz und besonders seine Veränderung. Der Diskontsatz ist der Zinssatz, zu dem sich Banken gegen Hinterlegung von Wechseln bei der deutschen Bundesbank Geld leihen können. Die Bedeutung des Diskontsatzes zur Bestimmung des Geldmarktsatzes, also des Zinses, den Banken sich untereinander für Tagesgeld berechnen, hat allerdings in letzter Zeit abgenommen. Wichtiger für den Geldmarkt sind die zweiwöchentlichen Wertpapierpensionsgeschäfte der deutschen Bundesbank. Hierbei legt die Bundesbank einen Zinssatz fest, der den Geldmarktsatz bestimmt. Dennoch bleibt der Diskontsatz, der fast immer etwas unter dem Tagesgeldsatz der Banken liegt, die meistbeachtete und besonders symbolhafte Meßgröße für den Preis des Geldes.

Der Zins ist aus zweierlei Gründen die wichtigste Einflußgröße für den Aktienmarkt:

Erstens macht sich der Zins über die Höhe der Fremdkapitalkosten eines Unternehmens direkt in der Größe des Gewinns bemerkbar, und zweitens hängt die Bewertung einer Aktie von den möglichen Vergleichserträgen aus Anleihen oder Festgeld ab. So muß zum Beispiel eine Aktie mit einer Dividendenrendite von 8% um 33% steigen, damit durch den Kursanstieg bei gleichbleibender Dividendenzahlung die Rendite auf 6% fällt. Es rechtfertigt ein Zinsabfall von 8% auf 6% eine 33%ige Höherbewertung des gesamten Aktienmarktes, ohne daß die jeweiligen Firmen mehr verdienen. Wenn dazu noch höhere Gewinne durch das Anspringen der Konjunktur – durch die niedrigeren Zinsen – hinzukommen, läßt sich vorstellen, welche Kraft sinkende Zinsen und ein sinkender Diskontsatz für den Aktienmarkt haben.

Den gleichen Einfluß im negativen Sinne hat ein steigender Diskontsatz auf den Aktienmarkt. Die steigende Rendite der

Anlagealternativen Festgeld und Anleihen drückt die Bewertungshöhe der Aktie tiefer, und zusätzlich verschlechtert sich die Gewinnmöglichkeit der Unternehmen durch die höheren Finanzierungskosten und schlechteren Absatzchancen ihrer Produkte, aufgrund der durch die Zinsanhebung nachlassenden Konjunktur.

Als Indikator für die langfristige Aktienkursentwicklung ist der Diskontsatz geeignet wie kaum ein anderes Hilfsmittel. Der Langfristanleger, der nicht viel Zeit mit Informationsaufnahme und Investitionsüberlegungen verbringen will, hat mit dem Diskontsatz einen idealen Indikator zur Hand. Er läßt sich leicht verfolgen, denn einem Zeitung lesenden oder Nachrichtensendungen sehenden Anleger wird eine Diskontsatzänderung kaum entgehen und er ist in seiner Prognosezuverlässigkeit außerordentlich wirksam.

Diskontsatzänderungen 1959 - 1994

04.09.1959	3
23.10.1959	4
03.06.1960	5
11.11.1960	4
20.01.1961	3,5
05.05.1961	3
22.01.1965	3,5
13.08.1965	4
27.05.1966	5
06.01.1967	4,5
17.02.1967	4
14.04.1967	3,5
12.05.1967	3
18.04.1969	4
20.06.1969	5
11.09.1969	6
09.03.1970	7,5
16.07.1970	7

18.11.1970	6,5
03.12.1970	6
01.04.1971	5
14.10.1971	4,5
23.12.1971	4
25.01.1972	3
09.10.1972	3,5
03.11.1972	4
01.12.1972	4,5
12.01.1973	5
04.05.1973	6
01.06.1973	7
25.10.1974	6,5
20.12.1974	6
07.02.1975	5,5
07.03.1975	5
23.05.1975	4,5
15.08.1975	4
12.09.1975	3,5
16.12.1977	3
30.03.1979	4
13.07.1979	5
01.11.1979	6
29.02.1980	7
02.05.1980	7,5
27.08.1982	7
22.10.1982	6
03.12.1982	5
18.03.1983	4
29.06.1984	4,5
16.08.1985	4
07.03.1986	3,5
23.01.1987	3

04.12.1987	2,5
01.07.1988	3
26.08.1988	3,5
20.01.1989	4
21.04.1989	4,5
30.06.1989	5
06.10.1989	6
01.02.1991	6,5
16.08.1991	7,5
20.12.1991	8
17.07.1992	8,75
15.09.1992	8,25
05.02.1993	8
19.03.1993	7,5
23.04.1993	7,25
02.07.1993	6,75
10.08.1993	6,25
22.10.1993	5,75
18.02.1994	5,25
15.04.1994	5
13.05.1994	4,5
31.3.95	4
25.8.95	3,5
15.12.95	3

Hätte ein Anleger 1959 bei einer erstmaligen Diskontsatzsenkung Aktien gekauft, sie gehalten bis zu einer Diskontsatzerhöhung, sie dann verkauft, gewartet bis zur nächsten Diskontsatzsenkung, dann wieder gekauft und so weiter, hätte er im Laufe dieser 34 Jahre bis heute einen Gewinn von 390% gemacht. Dieser Wertzuwachs ist erheblich höher als derjenige, der sich ergeben hätte, würde der Anleger 1959 Aktien gekauft und sie bis heute liegen gelassen haben. Die Kaufen-und-Halten-Strategie hätte im selben Zeitraum nur 237% Ertrag gebracht.

DAX und Diskontsatz

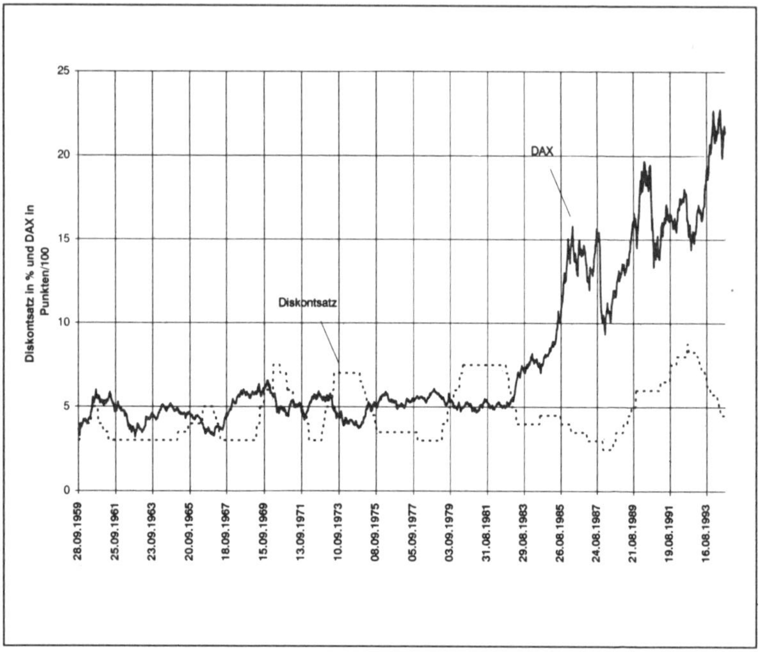

Sieben Kaufsignale hat es nach dem Diskontsatzindikator seit 1959 gegeben. Das erste Kaufsignal am 11.11.1960 erwies sich jedoch als Fehlsignal: Die Kurse fielen im Anschluß an die erste Diskonsatzsenkung. Das Resultat war ein Kursverlust von 15% beim Verkauf nach der ersten Diskontsatzerhöhung. Das zweite Kaufsignal dagegen brachte ein positives Ergebnis: 72% stiegen die Kurse der Aktien vom 6.1.1967, dem Tag der ersten Senkung des Diskontsatz es nach drei Erhöhungen, bis zum 18.4.1969, dem Tag der ersten Erhöhung nach den vorangegangenen Ermäßigungen.

Die weiteren Signale lieferten dann ebenfalls positive Ergebnisse. Dadurch, daß der Anleger nicht dauernd investiert ist, kann er das Geld in der Zwischenzeit verzinslich, zum Beispiel als Festgeld, anlegen und so ein noch besseres Resultat erzielen.

Zwei Wermutstropfen sind jedoch auch bei dieser Anlagestrategie zu vermerken. Die Bundesbank erhöhte den Diskontsatz am 29.6.1984 von 4% auf 4,5% bei einem DAX-Stand von 763 Punkten. Sie senkte den Diskontsatz 10 Monate später wieder auf 4%, der DAX war in der Zwischenzeit jedoch schon auf 1030 Punkte gestiegen. Der Anstieg von 763 auf 1030 Punkte fehlte also dem Anleger.

Ebenfalls schlecht ist, daß der Indikator nicht vor dem großen Oktober-Crash warnte. Der Anleger war also voll investiert, als der DAX-Index von fast 1600 Punkten auf unter 1000 stürzte.

Das erste Fehlsignal wird vermieden, wenn der Indikator erst nach der zweiten Diskontsatzsenkung auf grün springt. Der Anleger ist dann sicherer, daß die Bundesbank auch wirklich auf Expansion umgeschaltet hat. In dem Fall, daß der Börsianer erst zwei Diskontsatzsenkungen vor dem Aktienkauf und zwei Diskontsatzerhöhungen vor dem Aktienverkauf abgewartet hätte, wären heute 430% plus übriggeblieben. Die Methode, auf eine Signalverstärkung zu warten, hätte das Fehlsignal vom 29.6.1984 vermieden, doch in den anderen Fällen mußte häufig durch das Abwarten zu etwas höheren Kursen gekauft werden.

Ein Abwarten der dritten Senkung vor dem Kauf bringt jedoch keinen Vorteil mehr.

Die Strategie, drei Senkungen vor dem Kauf und drei Erhöhungen vor dem Verkauf abzuwarten, ergab nur ein Plus von 325%.

Der Diskontsatz ist ein in jedem Fall zu berücksichtigender Indikator. Er kann leicht verfolgt werden und liefert ein besseres Ergebnis als das bloße Halten von Aktien.

5.2 Geldmarktsatz

Da der Diskontsatz relativ selten geändert wird, kann noch ein etwas feineres Maß für die Bundesbankpolitik zu Rate gezogen werden: der Geldmarktsatz. In ihm spiegelt sich der Zins für kurzfristiges Geld wider, zum Beispiel für den Tagesgeldsatz unter Banken. Er wird von der Bundesbank durch sogenannte Wertpapierpensionsgeschäfte gesteuert.

Bei diesen Wertpapierpensionsgeschäften werden Gelder gegen Wertpapiere entweder im Mengentender- oder im Zinstenderverfahren den Geschäftsbanken zugeteilt. Beim Mengentender wird der Zins von der Bundesbank festgelegt und Kreditmengen, je nach den Geboten der Banken, zugeteilt. Beim Zinstender werden Kreditmengen festgelegt und, je nach Zinshöhe der einzelnen Gebote der verschiedenen Banken, die Gelder zugeteilt.

DAX und Geldmarktsatz

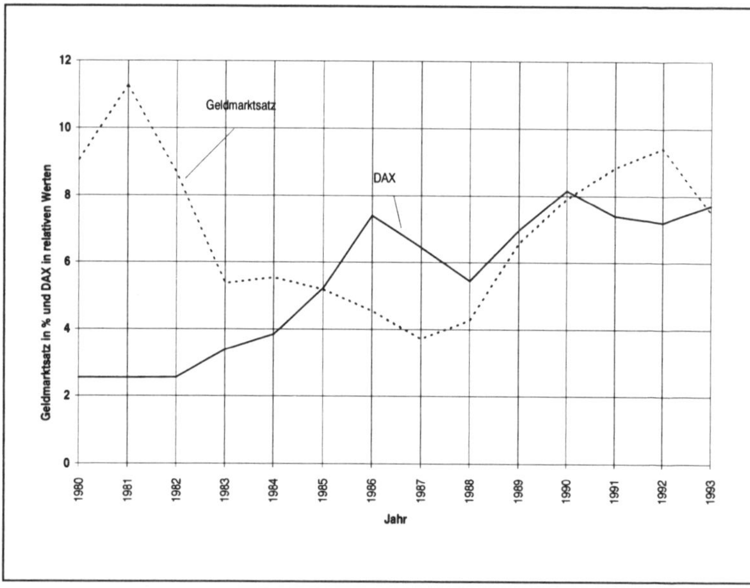

Der zeitliche Verlauf des Geldmarktsatzes ist in obiger Grafik dargestellt.

Hierbei gilt, wie beim Diskontsatz, daß fallende Zinsen gut sind für den Aktienmarkt.

Normalerweise sind steigende Geldmarktzinsen Gift für die Aktien, jedoch wurden im Jahre 1989 als einmalige Anomalie, aufgrund des sich abzeichnenden „Vereinigungsbooms", steigende Aktienkurse bei steigenden Geldmarktsätzen beobachtet.

In der nachfolgenden monatlichen Grafik von Geldmarktsätzen und Aktienkursen zeigt sich, wie, mit Ausnahme vom Jahr 1989, wieder steigende Zinssätze am Geldmarkt mit fallenden Aktienkursen einhergehen.

DAX und Geldmarktsatz (März 1989 bis September 1994)

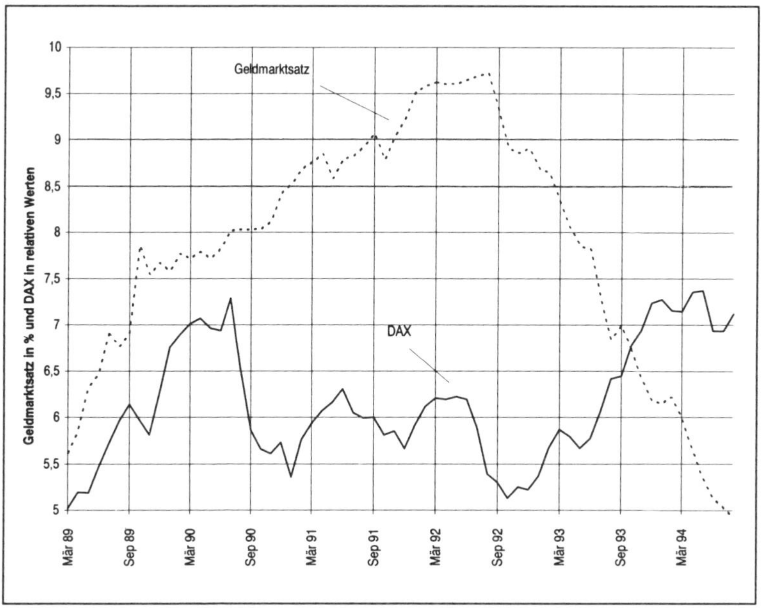

5.3 Zinsindikatoren

Die Zinsstruktur, aus der sich Rückschlüsse ziehen lassen auf die Absichten der Bundesbank, ergibt sich aus dem Vergleich der Zinshöhen verschiedener Laufzeiten von Schuldtiteln, insbesondere beim Vergleich des Geldmarktsatzes – des Zinses mit der kürzest denkbaren Laufzeit – mit der durchschnittlichen Umlaufrendite öffentlicher Anleihen. Liegen die Geldmarktsätze über den Zinssätzen der öffentlichen Anleihen, bremst die Bundesbank. Diese dann entstehende Laufzeitstruktur der Zinssätze heißt invers. Invers deshalb, weil normalerweise die langfristigen Zinsen über den kurzfristigen liegen, denn eine längere Laufzeit beinhaltet immer eine größere Unsicherheit und ein höheres Ausfall- und Inflationsrisiko.

Diese Bremsmanöver der Bundesbank gehen immer mit niedrigen Aktienkursen einher.

In Zeiten der inversen Zinsstruktur muß der Anleger auf einen günstigen Einstieg in den Aktienmarkt lauern. Die Zeiten, in denen die Geldmarktsätze fallen und sich somit die inverse Zinsstruktur abbaut, sind erfahrungsgemäß die besten Zeiten am Aktienmarkt.

Jahr	Aktienindex	Geldmarktsatz	Öffentliche Anleihen
1.980	101,9	9,05	8,5
1.981	101,8	11,26	10,4
1.982	102,2	8,66	9
1.983	135,2	5,36	7,9
1.984	153,6	5,54	7,8
1.985	209,2	5,18	6,9
1.986	295,7	4,55	5,9
1.987	257,5	3,72	5,8
1.988	217,9	4,27	6,1
1.989	278,5	6,58	7
1.990	326,3	7,92	8,8

1.991	295,6	8,84	8,6
1.992	287,6	9,41	8
1.993	308,4	7,48	6,3

In der nachfolgenden Grafik ist der Aktienkurs aufgetragen über der Differenz aus der Durchschnittsrendite öffentlicher Anleihen und dem Geldmarktsatz. Deutlich erkennbar ist die negative Differenz 1980 und 1981, welche die damalige Bremspolitik der Bundesbank anschaulich macht. Mit der ab 1981 erkennbaren Lockerung der Zinspolitik – die Differenz wurde positiv – war auch rechtzeitig grünes Licht für den Aktienmarkt gegeben worden. Die Kurse stiegen steil an.

DAX und Differenz aus durchschnittlicher Umlaufrendite öffentlicher Anleihen und Geldmarktsatz

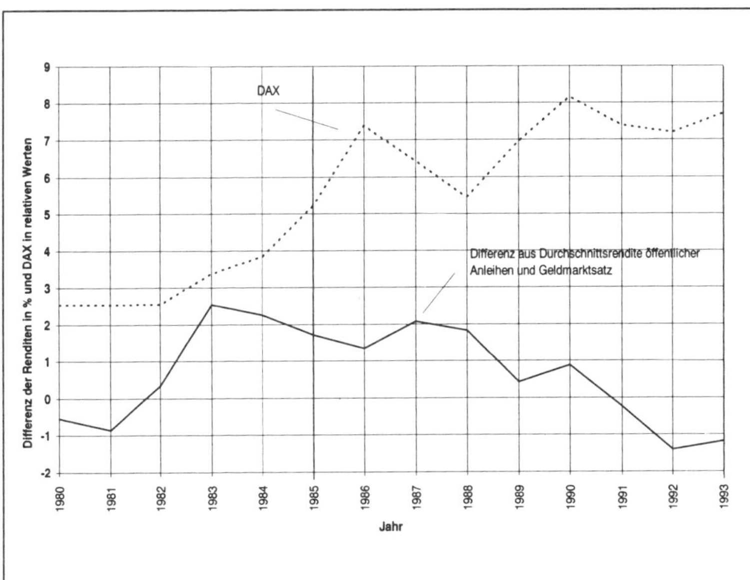

In der monatlich aufgelösten Grafik wird deutlich, daß im März 1993 die Differenz zwischen den Zinsen öffentlicher Anleihen und dem Geldmarkt mit minus zwei Prozentpunkten ihr Minimum durchschritten hatte. Bei einer sich anschließenden Normalisierung der Zinskurve sollten die Aktienkurse überdurchschnittlich steigen, was sie im Verlauf von 1993 dann auch taten.

DAX und Differenz zwischen Rendite öffentlicher Anleihen und Geldmarktsatz (monatlich aufgelöst)

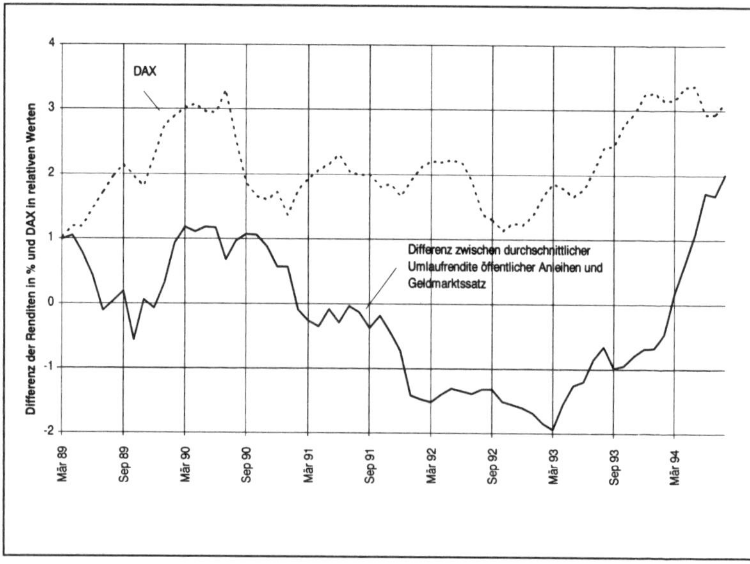

5.4 Aktienrenditeindikator

Ein guter fundamentaler Indikator, der eine Einschätzung darüber zuläßt, ob Aktien billig oder teuer sind, ist der Aktienrenditeindikator. In der Zeit von 1980 bis 1992 schwankte die Dividendenrendite der Aktien inklusive Körperschaftssteuergutschrift zwischen 6,01% und 2,47%. Aktien sind billig, wenn ihre Dividendenrendite in der Größenordnung von 4% liegt und teuer, wenn sie nur mit 2,5% rentieren.

Jahr	Aktienindex	Aktienrendite mit Kst
1.980	101,9	6,01
1.981	101,8	5,83
1.982	102,2	4,89
1.983	135,2	3,34
1.984	153,6	3,61
1.985	209,2	2,47
1.986	295,7	2,74
1.987	257,5	4,42
1.988	217,9	3,5
1.989	278,5	2,85
1.990	326,3	3,78
1.991	295,6	3,8
1.992	287,6	4,01
1.993	308,4	2,88

In der nachfolgenden Grafik läßt sich erkennen, daß 1980 und 1981 die Aktien, gemessen an ihrer Dividendenrendite, preiswert waren. In den darauffolgenden Jahren, bis 1985, stiegen sie dann auch fast 200%.

DAX und Aktienrendite

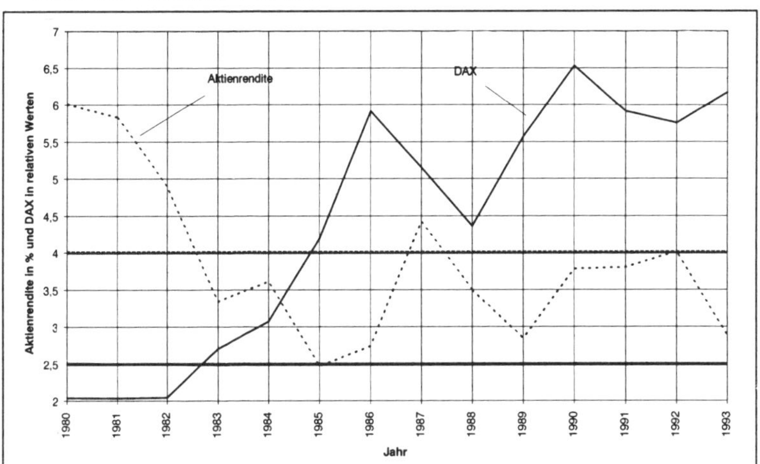

1985 und 1986 mußten sie dann auch als teuer eingestuft werden. Per Saldo stiegen sie in den folgenden sechs Jahren nicht mehr.

Zwischenzeitlich, nach dem großen Börsenkrach 1987, waren die Aktien wieder billig mit einer Rendite von über 4%. Danach waren sie nicht mehr als teuer einzustufen. Erst im März 1994 trat wieder eine Überbewertung auf. Die Aktienrendite sank auf 2,8%.

DAX und monatlich aufgelöste Dividendenrendite

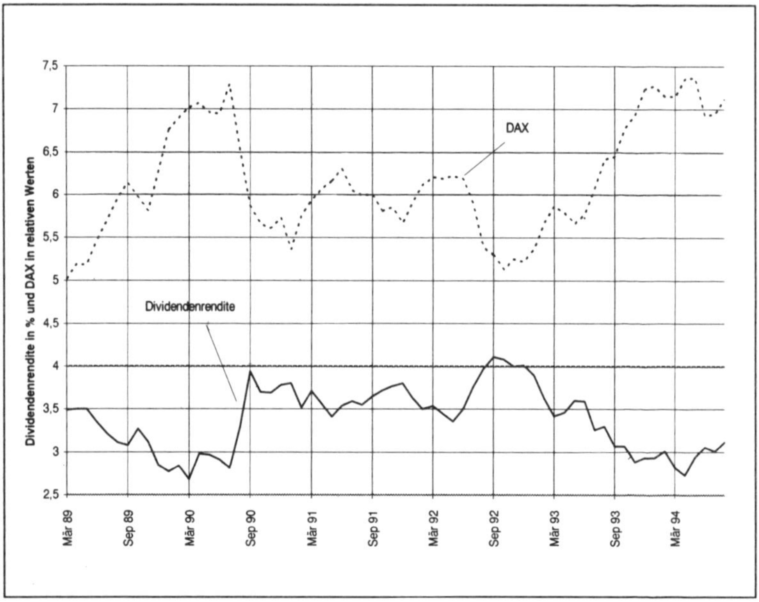

Aus der seit März 1989 monatlich aufgelösten Grafik der Dividendenrendite ergibt sich, daß im März 1990 die Aktien mit einer Rendite von nur noch 2,7% ein sehr hohes Kursniveau erreicht hatten. Der anschließende Einbruch der „Golfkriegsbaisse" führte durch die gesunkenen Kurse zu einem Anstieg der Rendite auf 3,9%. Diese war wiederum ein Zeichen zum Einstieg in den Aktienmarkt.

Seit September 1990 lag die Rendite immer über 3,4%. Der Aktienmarkt war also bis März 1994 nicht zu teuer, sondern eher preiswert nach den Kriterien des Aktienrenditeindikators.

5.5 Bonitätsindikator

Ein weiterer zuverlässiger Langfristindikator, der seine Aussage mit Hilfe fundamentaler Überlegungen erhält, ist der sogenannte Bonitätsindikator. Dieser Indikator vergleicht die Rendite öffentlicher Anleihen, bei denen der Staat, die Länder oder die Kommunen die Schuldner sind, mit der Rendite von Industrieanleihen, die von großen Industriefirmen aufgelegt wurden. Diese Differenz schwankt zwischen 0 und 0,8 Prozentpunkten.

Ist diese Differenz 0, rentieren also Industrieanleihen, die von Firmen garantiert werden, genauso hoch wie öffentliche Anleihen, deren Schuldner zum Beispiel der Staat ist – der beste Schuldner den es gibt – drückt das eine generelle Zuversicht in die Fähigkeiten der Industrieunternehmen aus.

Diese Unbesorgtheit geht einher mit steigenden Aktienkursen. Dieser Indikator ist träge, denn der Optimismus kann ein lange Zeit andauern.

Eine geringe Differenz zwischen Industrieanleihen und öffentlichen Anleihen kann für sich allein allerdings noch kein Kaufsignal sein. Diese geringe Differenz ist jedoch ein Signal für eine große Zuversicht. Ist anderseits diese Differenz groß, wie zum Beispiel 1986 und 1987 vor dem Börsenkrach mit 0,8%, ist es ein Warnsignal. Diese große Differenz zeigt steigendes Mißtrauen der Anleger in die Möglichkeiten der Industrieunternehmen, ihre Anleihen zu bedienen, und ist somit ein negatives Zeichen für den Aktienmarkt.

Jahr	Öffentliche Anleihen	Industrieanleihen
1.980	8,5	8,9
1.981	10,4	11,1
1.982	9	9,3
1.983	7,9	7,9
1.984	7,8	7,8
1.985	6,9	7,1
1.986	5,9	6,6
1.987	5,8	6,6
1.988	6,1	6,8
1.989	7	7,2
1.990	8,8	9
1.991	8,6	8,9
1.992	8	8,7
1.993	6,3	6,9

DAX und Renditedifferenz zwischen Industrieanleihen und öffentlichen Anleihen

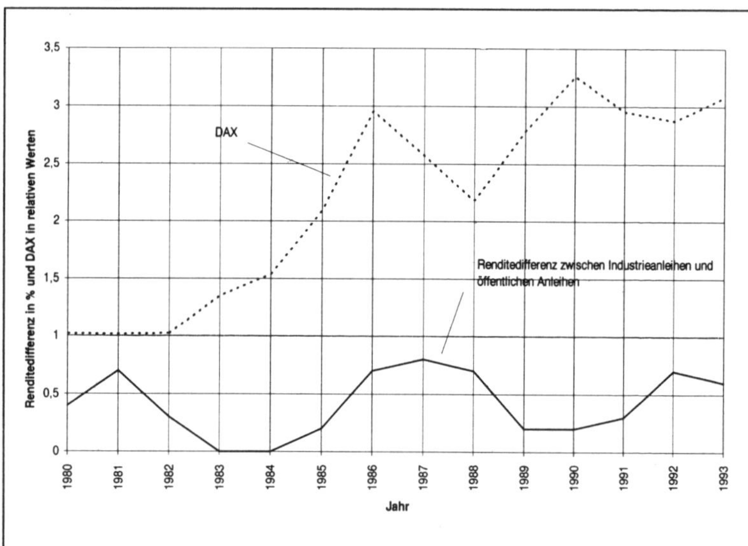

In der vorhergehenden Grafik läßt sich die Signalfunktion dieses Langfristindikators erkennen. Der große Optimismus 1982 und 1983 ließ die Aktienkurse noch zwei weitere Jahre steigen, bevor der Einbruch kam. Die Skepsis 1986, die sich in der hohen Differenz zwischen den Renditen der Industrieanleihen und der öffentlichen Anleihen niederschlug, warnte rechtzeitig vor drohendem Ungemach.

5.6 Das Indikatormodell

Aus den vier besten Börsenindikatoren läßt sich ein Gesamtindikator zusammenstellen, der eine außerordentliche Treffsicherheit besitzt. Der Gesamtindikator berücksichtigt den Diskontsatz, die Inflationsrate, den Dollarkurs und die jeweilige Saison im Jahr.

Wenn die letzte Diskontsatzänderung eine Senkung war, wird dies als 1 gewertet, war die letzte Änderung eine Erhöhung, bekommt der Indikator eine 0 gutgeschrieben. Für die Inflationsrate gilt: Lag sie vor einem Jahr höher, gibt es eine 1, lag sie tiefer, gibt es eine 0.

Der Dollar wird umgekehrt gewertet: Ein höherer Dollar als vor einem Jahr zählt 1, ein niedrigerer 0. Zuletzt wird ein saisonaler Faktor in den Gesamtindikator aufgenommen. Die Zeit vom 1. November bis zum 30. April zählt 1 Punkt, die Zeit vom 1. April bis zum 31. Oktober 0 Punkte. Anschließend wird die Summe gebildet, die 0 bis 4 betragen kann.

Steigt die Summe auf 3 oder 4, ist dies ein Kaufsignal, fällt sie auf 1 oder 0, muß dies als Verkaufssignal gewertet werden. Die 2 als Ergebnis ist neutral. Gab es vor der 2 ein Kaufsignal, bleibt dieses erhalten, gab es vorher ein Verkaufssignal, bleibt dieses ebenfalls in Kraft.

Das Indikatormodell

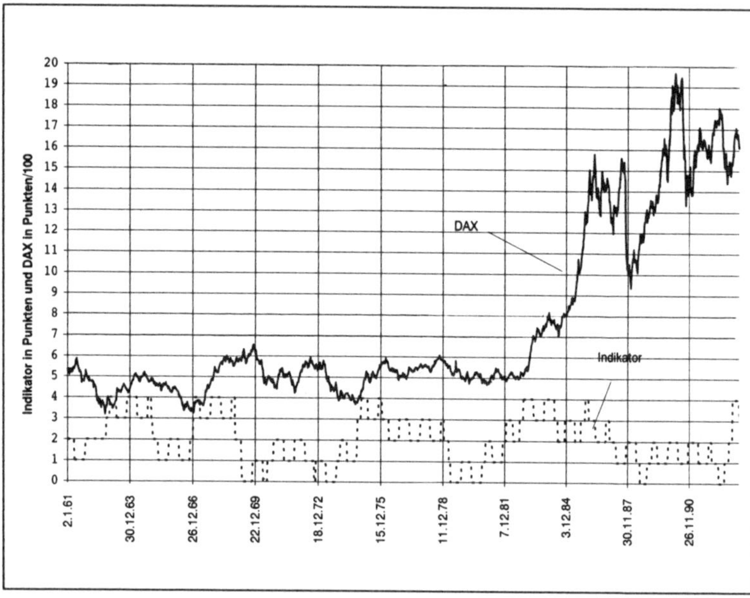

Mit diesem einfachen Indikator, den sich jeder Anleger leicht selbst ausrechnen kann, ließ sich in den letzten 30 Jahren, von 1961 bis heute, ein Gewinn von 980% erzielen.

Das Kaufen von Aktien 1961 und Halten bis heute hätte demgegenüber nur 280% Gewinn gebracht.

Wenn der Anleger zwischen Verkaufssignal und erneutem Kaufsignal sein Geld zum jeweiligen Diskontsatz verzinslich angelegt hätte, wäre der Gewinn sogar 2000% gewesen. Das Beachten dieses einfachen und leicht berechenbaren Indikator, hätte also das Anlageergebnis exorbitant gesteigert.

Wenn ein Investor wissen will, ob er Aktien kaufen soll, fragt er:

1. Liegt der Dollar höher als vor einem Jahr?
2. Liegt die Inflationsrate niedriger als vor einem Jahr?

3. War die letzte Diskontsatzänderung eine Senkung?
4. Liegt das Datum zwischen 1. November und 30. April?

Sind mindestens drei dieser Fragen mit „ja“ zu beantworten, sollte der Anleger kaufen.

In den letzten 30 Jahren hätte er mit dieser Methode sein Geld verzwanzigfacht.

Ohne diese Methode, nur mit Aktienkauf und Abwarten, wäre sein Vermögen heute noch nicht einmal vervierfacht.

6. CHARTTECHNISCHE INDIKATOREN

Widerstände und Unterstützungen

In der Charttechnik, das heißt in der Bewertung der grafischen Darstellung von Kursverläufen, werden Linien eingezeichnet, die im weiteren Verlauf der Kurse eine wichtige Bedeutung bekommen sollen. Zwei dieser Linienarten sind die Widerstandslinien und die Unterstützungslinien. Durch frühere relative Hochpunkte werden Parallelen zur Zeitachse gezeichnet. Diese gelten als Widerstandsniveaus. Durch frühere relative Tiefpunkte werden ebenfalls Parallelen zur Zeitachse gezogen. Diese gelten dann als Unterstützungsniveaus.

Es bedarf einer gewissen Kraft, um die Widerstandslinien nach oben zu durchstoßen. Das heißt, gelangt ein Kursverlauf nach einer längeren Aufwärtsbewegung an eine solche Widerstanslinie, besteht die Wahrscheinlichkeit, daß der Kurs erst einmal nachgibt oder seitwärts verläuft, bevor er dieses Widerstandsniveau überschreitet.

Ebenso bedeuten Unterstützungslinien bei Kursrückgängen eine gewisse Wahrscheinlichkeit, daß der Kurs auf diesem Niveau erst einmal seinen Fall beendet.

Im Kursverlauf des DAX von Januar 1990 bis Ende 1992 lassen sich solche Widerstands- und Unterstützungslinien einzeichnen. So wurde im Sommer 1992 ein relatives Hoch von 1803 DAX-Punkten erzielt. Diese Kurshöhe sollte immer schwer zu überwinden sein, wenn der Kurs wieder in diese Nähe kommt.

Ein weiterer Schluß läßt sich aus dem Verhalten der Kurse an diesen Widerstandsniveaus ziehen: Wenn der Aktienkurs tatsächlich soviel Kraft besitzt, ein Widerstandsniveau zu überwinden, ist die Wahrscheinlichkeit groß, daß er noch ein gutes Stück weiter steigt.

Widerstand bei 1728 DAX Punkten und Unterstützung bei 1500 DAX Punkten

Im Sommer 1991 wurde mit 1728 ein relatives Hoch erreicht und bezeichnenderweise scheiterte der DAX genau an dieser Kurshöhe im März des Jahres 1993. Eine Unterstützung läßt sich bei 1500 einzeichnen. Bei 1500 fand im März 1990 eine untere Umkehr statt, und auch der Kurseinbruch beim vermeintlichen Sturz Gorbatschows im August 1991 stoppte bei 1500.

Diese Widerstands- und Unterstützungslinien müßten sich auch bei der Aufenthaltswahrscheinlichkeit des DAX zeigen. Der DAX sollte sich bevorzugt über oder unter diesen Linien aufhalten, jedoch nicht auf ihnen. Wird der DAX parallel zur x-Achse auf die y-Achse projiziert, ergibt sich eine Häufigkeitsverteilung des DAX. Widerstandlinien und Unterstützungslinien sollten sich durch eine geringe Aufenthaltswahrscheinlichkeit des DAX auszeichnen.

Häufigkeit von DAX-Schlußkursen zwischen 1201 und 2276 Punkten

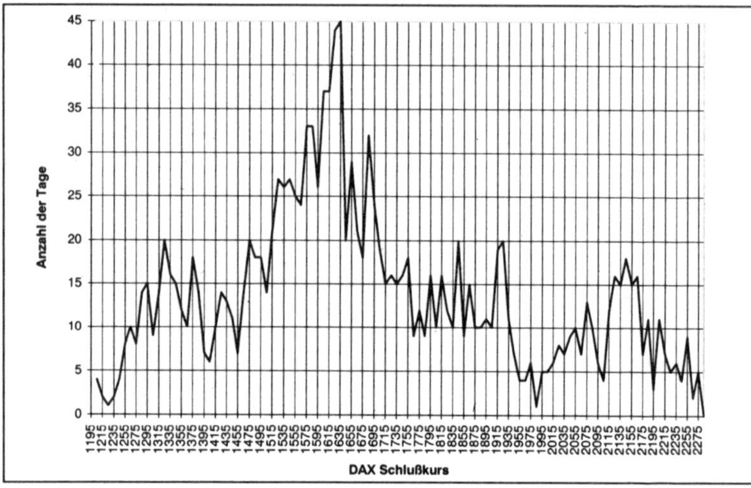

1500 und 1728 lassen sich in der Häufigkeitsverteilung tatsächlich als relative Minima ausmachen. Eine geringe Aufenthaltswahrscheinlichkeit des DAX bei 1400, 1800 und 1900 Punkten deutet ebenfalls auf Widerstands- beziehungsweise Unterstützungsniveaus hin. Diese Niveaus werden vom DAX gemieden.

Für den Anleger bedeutet dies erstens, daß durch die höchste Häufigkeitsverteilung ein Niveau angezeigt ist, das der realistischen Höhe des DAX in dieser Zeitspanne am nächsten kommt. Zwischen 1988 und 1993 war der DAX mit 1630 fair bewertet. Zweitens muß nach längeren Aufwärtsbewegungen an diesen Widerstandslinien mit einer Umkehr gerechnet werden und drittens, sollte ein Widerstandsniveau überwunden werden, ist die Wahrscheinlichkeit groß, daß die Aktien weiter steigen.

Weitere Widerstandshöhen lassen sich mit 1500, 1540, 1670, 1700 und 1760 feststellen.

Über jeweils 5 Tage gemittelte Häufigkeit von DAX Schlußkursen 1988 bis 1994

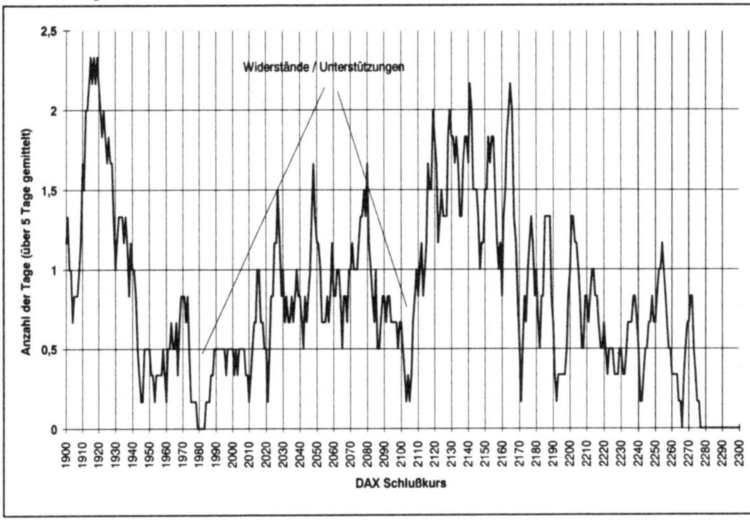

Mit den Zahlen 1540, 1560, 1580, usw. schloß der DAX signifikant seltener als auf ungeraden Niveaus, wie zum Beispiel 1547. Besonders häufig schloß der DAX bei 1623, nämlich 11 mal, auch 1628 mit 9, 1530 mit 7 und 1843 mit 5 mal waren sehr beliebt.

Bei näherem Anschauen der Häufigkeitsverteilung über 1950 DAX-Punkten läßt sich feststellen, daß eine sehr massive Widerstands- /Unterstützunglinie bei 1980 liegt: Zwischen 1974 und 1982 schloß der DAX nie.

Selten schloß der DAX auch bei einem Niveau von knapp unter 2100.

Im Kursbereich über 2100 Punkten zeigen sich noch zwei weitere Kursniveaus, auf denen DAX etwas seltener schloß. Die Schlußkurse um 2195 und 2220 wurden gemieden Sie fungierten im Kursverlauf des DAX also als Widerstände, beziehungsweise als Unterstützungen.

Häufigkeit von DAX-Schlußkursen zwischen 1950 und 2275 Punkten

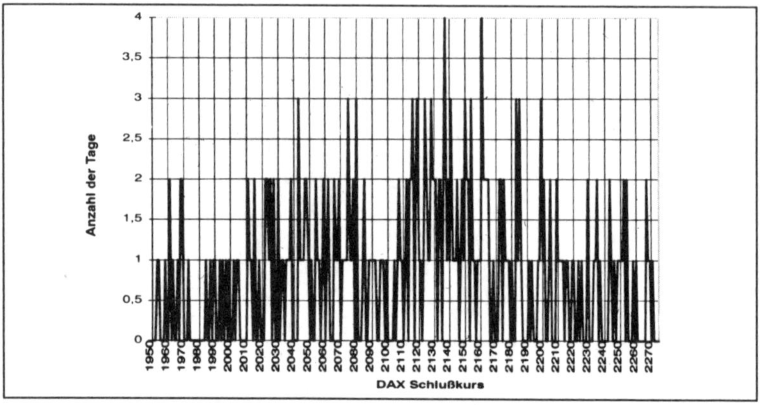

Der Kursverlauf des DAX seit März 1993 zeigt genau diese Unterstützungs- und Widerstandlinien. Anhand von Häufigkeitsverteilungen läßt sich also tatsächlich zeigen, daß diese Niveaus eine Bedeutung für den Kursverlauf haben.

Bereiche geringer Aufenthaltswahrscheinlichkeit für den DAX

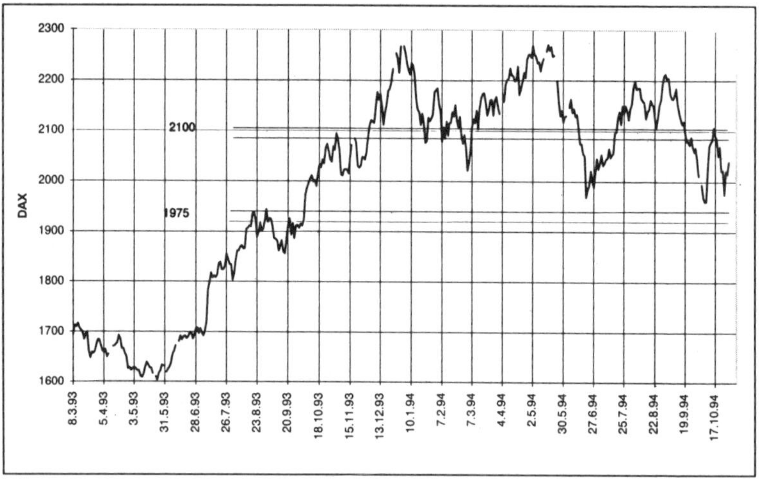

Der Anleger muß sich also merken, daß frühere Hoch- und Tiefpunkte eine besondere Bedeutung für den zukünftigen Kursverlauf haben werden.

7. GLEITENDE DURCHSCHNITTE

In der charttechnischen Analyse kommen häufig gleitende Durchschnitte vor. Sie werden berechnet, indem die Summe einer Reihe von Aktienkursen durch die Anzahl der addierten Kurse dividiert wird. Diese dem wahren Kursverlauf träge folgende Kurve dient der Trendbestimmung. Liegen die Kurse über ihrem Durchschnitt, befindet sich der Markt vorwiegend in einer Aufwärtsbewegung, befinden sie sich darunter, durchläuft der Markt meist einen Abwärtstrend. Gelegentlich schneiden sich Aktienkurs und Durchschnittslinie. Das bedeutet dann einen Trendwechsel. Schneidet der Kurs seine eigene Mittelwertslinie von unten nach oben, ist ein Abwärtstrend zu Ende, und ein Aufwärtstrend ist etabliert, und umgekehrt.

Dieser Indikator ist sehr träge, denn bei Erreichen des Trendsignals ist der Markt oft schon ein gutes Stück seines Weges gelaufen.

7.1 Die 200-Tage-Linie

Eine in der Charttechnik oft befolgte Börsenregel lautet: Kaufen, wenn der Aktienkurs die 200-Tage-Linie von unten nach oben schneidet, verkaufen, wenn der Aktienkurs die 200-Tage-Linie von oben nach unten durchbricht.

DAX und 200-Tage-Linie

Diese häufig zitierte Handlungsanweisung führte in der Vergangenheit beim DAX nicht zu Resultaten, die besser als das bloße Kaufen und Halten von Aktien gewesen wäre. Hätte ein Anleger diese Regel seit Juli 1960 angewandt und den DAX, oder die dem DAX entsprechenden Aktien, gekauft, als der DAX die 200-Tage-Linie nach oben schnitt, und verkauft, als der Kursverlauf des Aktienindexes die 200-Tage-Linie nach unten durchbrach, hätte er bis Juni 1993 178% Gewinn gemacht. Die einmalige Investition, 1960 gekauft und bis 1993 liegengelassen, hätte dagegen 198% ergeben. Die 200-Tage-Linie-Strategie hätte also schlechter abgeschnitten als das bloße Halten von Aktien. Nötig waren zur Durchführung des Trendfolgemodells mit der 200-Tage-Linie 48 Käufe und 48 Verkäufe. 926 der 1644 Wochen war das System investiert. Die in der Zeit verdienten Zinsen reichten etwa aus, die Spesen für die Transaktionen zu bezahlen. Insgesamt ließ sich also mit der 200-Tage-Linie nicht mehr erzielen, als der DAX selbst zulegte.

In anderen Zeiträumen wäre das Ergebnis ähnlich ausgefallen. Eine Anwendung der 200-Tage-Strategie von Januar 1971 bis Juni 1993 hätte 202% eingebracht, das bloße Halten hätte mehr, nämlich 232%, erzielt.

Im Zeitraum November 1982 bis Juni 1993 hätten beide Anlagewege zum etwa gleichen Resultat geführt, nämlich ungefähr plus 200%. In der jüngsten Vergangenheit wäre der Anleger mit der 200-Tage-Strategie allerdings etwas besser gefahren: Plus 31% gegen plus 17% seit Juni 1986.

200-TAGE-LINIE MINUS ZWANZIG PROZENT

Wegen der Trägheit des Indikators 200-Tage-Linie wäre es denkbar, daß sich das Ergebnis verbessern ließe, würde nicht der Schnittpunkt des Kursverlaufes mit der Linie als Signal gewählt, sondern ein anderer Punkt, etwa eine Abweichung von plus oder minus 20% als Ein- oder Ausstieg. So würde zum Beispiel gekauft, wenn der Aktienkurs zwanzig Prozent unter der 200-Tage-Linie liegt und verkauft, wenn der Kurs zwanzig Prozent über der 200-Tage-Linie liegt. Diese Handlungsanweisung hätte von Juli 1960 bis

Mai 1993 146% gebracht bei insgesamt drei vollständigen Transaktionen, also jeweils Kauf und Verkauf, gegenüber einem Gewinn von 205% bei einer Kaufen-und-Halten-Strategie.

200-TAGE-LINIE MINUS ZEHN PROZENT

Dieselbe Strategie, die jedoch schon bei minus zehn Prozent kauft und bei plus zehn Prozent verkauft, hätte immerhin 196% Kursplus vom 4.7.1960 bis zum 3.7.1993 erzielt. Dies entspricht jedoch auch nur etwa der Kaufen-und-Halten-Strategie, die 205% ergab. Die minus-zehn-Prozent-Handlungsanweisung war allerdings nicht immer investiert, und konnte so zwischenzeitlich noch Festgeldzinsen verdienen, war also der Kaufen-und-Halten-Strategie vorzuziehen.

7.2 Die 100-Tage-Linie

Die 100-Tage-Linie schmiegt sich enger an die Kurve des Kursverlaufs an, da sie dem Durchschnitt der letzten 100 Tage entspricht, der in der Regel näher am wahren Kurs liegt, als der Durchschnitt der letzten 200 Tage.

DAX und 100-Tage-Linie

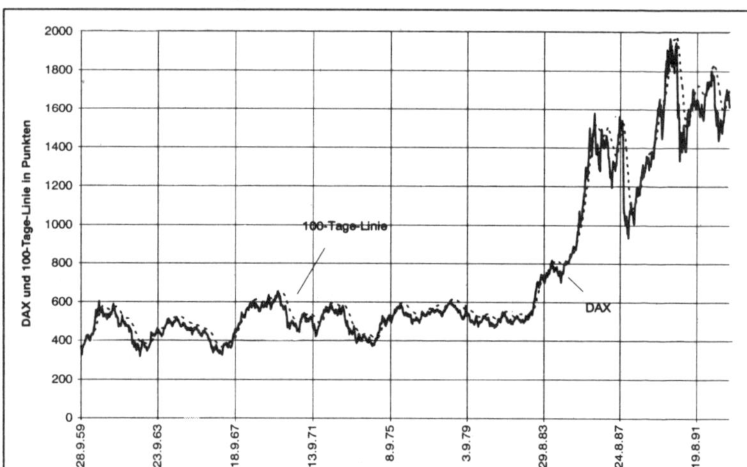

Die 100-Tage-Linie als Trendfolgesignal lieferte ein Plus von 210% im Zeitraum vom 15.2.1960 bis zum 3.7.1993. Das heißt, schneidet der Kursverlauf die 100-Tage-Linie von unten nach oben, ergibt sich ein Kaufsignal, schneidet er sie von oben nach unten, ergibt sich ein Verkaufssignal. Dieses Ergebnis von plus 210% entspricht ungefähr dem bloßen Kaufen am 15.2.1960 und Halten bis zum 3.7.1993 mit plus 196 %.

Ebenfalls keine zufriedenstellenden Resultate ergibt die „100-Tage-minus-zehn-Prozent-Vorschrift". Ein Kauf, wenn der Kurs 10% unter der 100-Tage-Linie liegt, mit anschließendem Verkauf, wenn der Kurs zehn Prozent über ihr liegt, hätte im selben Zeitraum nur plus 104% erzielt.

7.3 Die 38-Tage-Linie

In der Regel ist es für den Erfolg an der Börse hilfreich, mit dem Trend zu gehen, denn der Vergleich von Aktienkursen mit Roulettezahlen ergibt, daß Aktienkurse vorzugsweise längere Serien in eine Richtung als Roulettezahlen entwickeln. Doch wie läßt sich die Richtung des Trends bestimmen?

Ein nützliches Instrument, seine Richtung herauszufinden, um eine Position in Richtung des Trends einzugehen, ist der 38-Tage-Durchschnitt. Liegt der DAX über dem Mittelwert der letzten 38 Tage, befindet sich der Markt in einem Aufwärtstrend , liegt er darunter, in einem Abwärtstrend. Schneidet der DAX den 38-Tage-Durchschnitt von unten nach oben, beginnt eine Aufwärtsbewegung, bricht er nach unten durch, fängt eine Abwärtsbewegung an. Dieses 38-Tage-Trendfolgemodell sollte sinnvollerweise mit einem Aktienterminindex auf den DAX durchgeführt werden, da das häufige Kaufen und Verkaufen von Aktien wegen zu hoher Spesen ausscheidet.

Das Modell sollte technisch so gehandhabt werden: Wenn der Aktienindex erstmalig wieder höher als der Mittelwert der vergangenen 38 Tage schließt, wird ein DAX-Future gekauft. Verkauft wird der DAX-Future wieder, wenn der DAX-Index unter die 38-Tage-Linie fällt. Der Schluß der Präsenzbörse um 13 Uhr 30 kann abgewartet werden, da die Terminbörse, an der der DAX-Future gehandelt wird, bis 16 Uhr geöffnet ist.

Der Anleger kann die 38-Tage-Linie selbst berechnen und seine Transaktionen danach planen, indem er die DAX-Schlußkurse der vergangenen 38 Börsentage addiert und die Summe anschließend durch 38 dividiert. Dies läßt sich mit den heute zur Verfügung stehenden elektronischen Geräten, wie dem Taschenrechner oder dem Heimcomputer, leicht bewerkstelligen.

Die Kursverläufe des DAX seit 1988 mit der eingezeichneten Durchschnittslinie der letzten 38 Tage ist auf der folgenden Grafik abgebildet.

DAX und 38-Tage-Linie

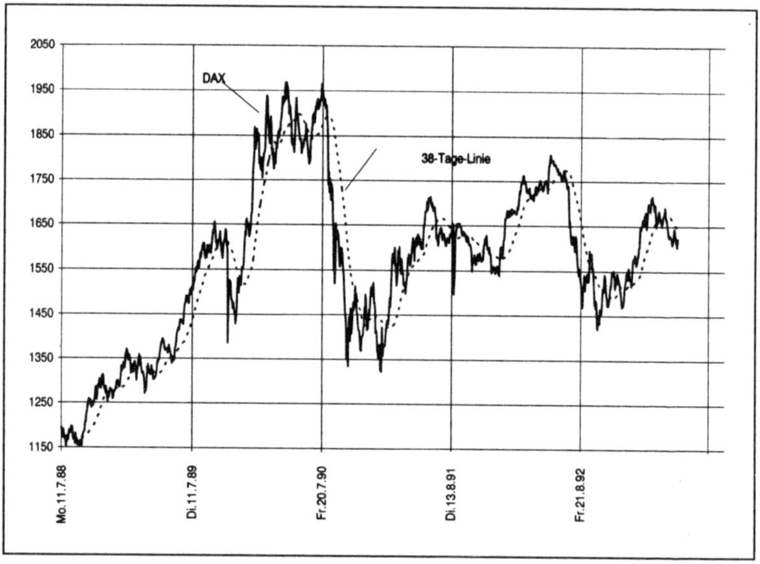

Wenn ein Anleger nun dieses 38-Tage-Trendfolgemodell in den fünf Jahren von 1988 bis 1993 angewandt hätte, wäre er nur in den im nächsten Bild angegebenen Zeiten investiert gewesen.

Kursverlauf in der Zeit, in der das 38-Tage-Modell investiert ist

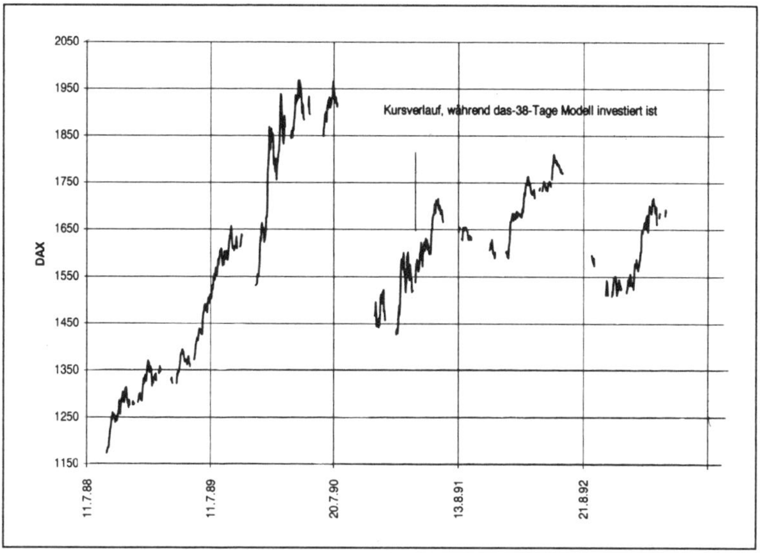

An diesem Bild läßt sich der Vorteil des Trendfolgemodells erkennen: Während der Kursabschwünge August / September 1990, der „Golfkriegsbaisse“, und Juli / August 1992, der „Schlesingerbaisse“, war der Investor nicht investiert.

Der Nachteil dieses Modells ist jedoch, daß wegen der vielen kleinen Verluste, die dadurch entstehen, daß der Anleger kauft und kurze Zeit später mit einem kleinen Verlust wieder verkaufen muß, weil der Aktienkurs wieder unter die 38-Tage-Linie gefallen ist, der oben genannte Vorteil zum Teil wieder aufgezehrt wird.

In diesem speziellen Fall des 38-Tage-Trendfolgemodells, angewandt von Juli 1988 bis Juni 1993, hätte sich ein Gewinn von 544

DAX-Punkten ergeben. Dazu wären je 45 Kauf- und Verkaufstransaktionen nötig gewesen. Das bloße Kaufen und Halten des DAX-Indexes hätte in derselben Zeitspanne 493 DAX-Punkte ergeben.

Berücksichtigt werden müssen noch in der Bilanz zwischen Kaufen und Halten und dem 38-Tage-Trendfolgemodell die Spesen, die der Kauf und Verkauf des DAX-Indexes verursachen, und der Zinsvorteil, den dieses Modell dadurch bringt, daß es nicht immer investiert ist und in dieser Zeit Zinsen verdienen kann. Die Spesen für je einen Kauf und Verkauf des DAX-Indexes, den sogenannten „round turn“, sind etwa 1,5 DAX-Punkte. Sie heben sich in unserem Beispiel etwa auf gegen den Zinsvorteil.

Bemerkenswert an diesem Trendfolgebeispiel ist, daß von diesen 45 Transaktionen, die zusammengenommen etwas mehr gebracht haben als der DAX, nur 12, also etwa 26%, mit Gewinn abgeschnitten haben. Es haben somit diese 26% erfolgreichen Transaktionen viel mehr DAX-Pluspunkte pro Geschäft erzielt, als die 74% der schiefgelaufenen Geschäfte Minuspunkte. Hieran läßt sich die Börsenregel veranschaulichen: „Lasse Gewinne laufen und realisiere Verluste!“

Es reicht also eine Trefferquote von 26% um in den Gewinn zu kommen, wenn man nur die Regel beherzigt, Gewinne laufen zu lassen, und Verluste zu begrenzen. „Let profits run“, heißt es entsprechend in der amerikanischen Finanzwelt.

Dennoch ist in dem Fall des 38-Tage-Trendfolgemodells der Vorteil gegenüber Kaufen und Halten nicht groß. Die 38-Tage-Linie ist, obwohl sie oft herangezogen wird, nicht ideal als Trendfolgeindikator. Sie ist als Handlungsanweisung für den kurzfristigen Trader zu träge.

Wesentlich besser schneiden, wie sich herausstellen wird, die gleitenden 20-, 10- und 5-Tage-Linien ab als Indikatoren für die Trendrichtung.

7.4 Die 20-Tage-Linie

Erheblich besser schneidet die 20-Tage-Linie als Trendfolgebarometer ab. Wie in der nachfolgenden Grafik zu sehen ist, schmiegt sie sich viel enger an den wahren Kursverlauf an und ist dadurch nicht ganz so träge.

DAX und 20-Tage-Linie

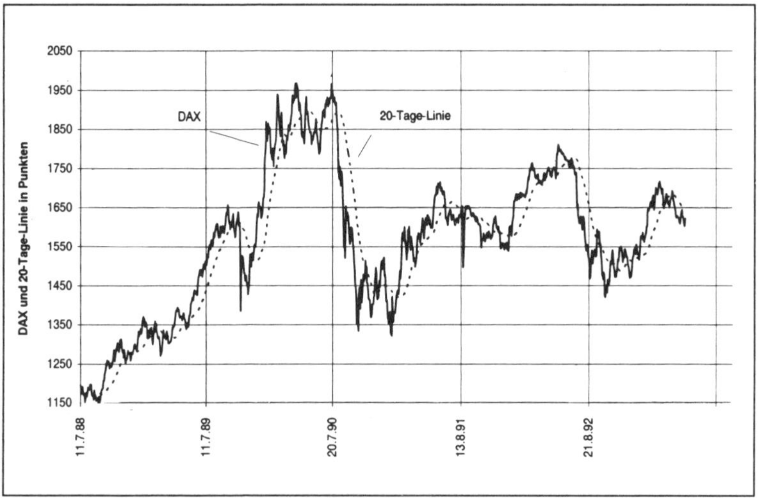

So werden die Trendwenden eher erkannt. Allerdings steigt dadurch die Zahl der Transaktionen und auch die Zahl der falschen Signale, bei denen durch Schwankungen des DAX ohne klaren Trend viele kleine Verluste eingefahren werden.

Insgesamt jedoch ist die 20-Tage-Trendfolge-Methode sehr profitabel. Wie im nächsten Bild zu sehen ist, werden auch beim 20-Tage-Trendmodell die beiden großen Baissen ausgelassen und schöne große Anstiege mitgemacht, so wie im November / Dezember 1989 nach der Wiedervereinigung oder im März / April 1990 nach dem Golfkrieg.

Kursverlauf des DAX, während das 20-Tage-Modell investiert ist

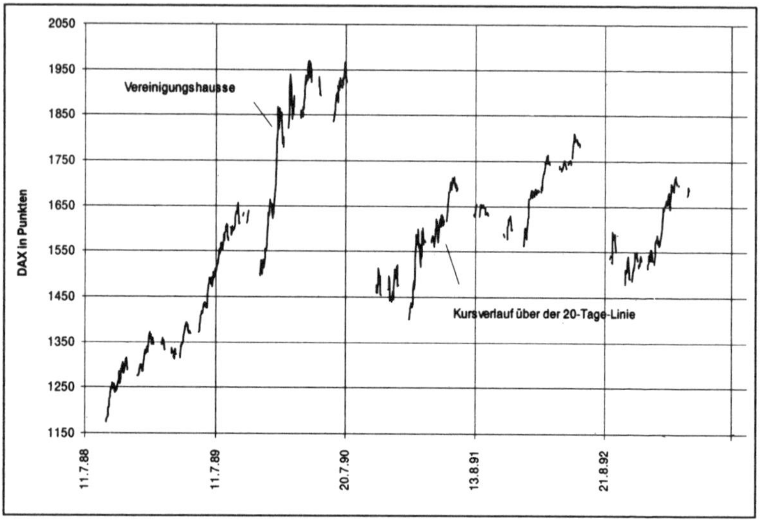

Von 1989 bis 1993 hätte die Strategie der 20-Tage-Trendfolge 688 DAX-Pluspunkte gebracht bei 60 vollständigen Transaktionen, also Kauf und Verkauf.

Dies ist erheblich mehr als die Strategie des bloßen Kaufes von Aktien oder des Aktienindexes im Juli 1988 und Haltens bis zum Juni 1993 gebracht hätte, nämlich nur 448 DAX-Punkte.

Die 20-Tage-Trendfolge Methode läßt sich noch verbessern, wenn bei Verkaufssignalen nicht nur die "long" Position des Aktienindexes verkauft wird, sondern ein Aktienindex zugleich "short-" oder leerverkauft wird. 265 zusätzliche DAX-Punkte waren so erzielbar.

Sie ist nachfolgend dargestellt. Es ist erkennbar, daß die beiden großen Baissen durch die Leerverkäufe ebenfalls Pluspunkte gebracht hätten.

Kursverlauf des DAX, während das 20-Tage-Modell einen Leerverkauf signalisiert

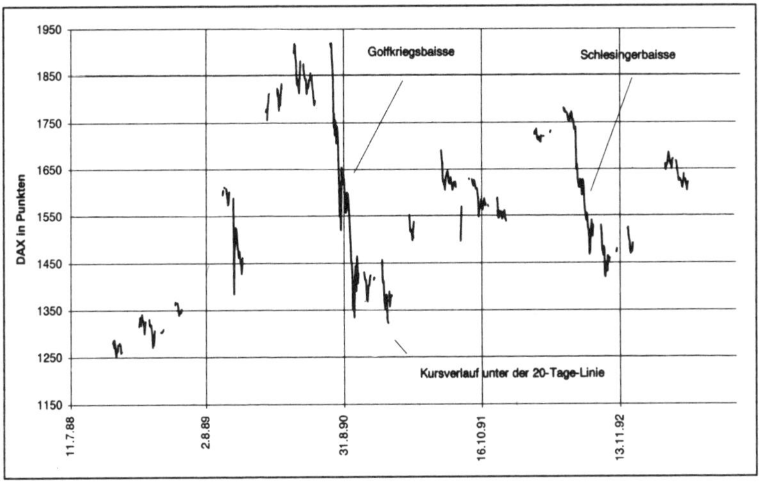

Die Summe der Leerverkäufe hätte in dem angegebenen Zeitraum 265 Pluspunkte ergeben.

Die 20-Tage-Trendfolge-Strategie hätte also unter Ausnutzung der Aufwärts- und Abwärtssignale 688 plus 265, also 953 DAX-Punkte erbracht. Dies ist mehr als doppelt soviel wie das Halten von Aktien oder des DAX-Indexes allein erzielt hätte. Für den kurzfristigen Trader oder den aktiven Börsianer ist also die 20-Tage-Trendfolgemethode sehr erfolgversprechend. Sie sollte auf längere Sicht deutlich mehr Gewinn abwerfen, als das bloße Halten von Aktien

Interessanterweise bringen nur 21 der 60 long-Transaktionen, also etwa 35%, Gewinn.

Dieser überwiegt jedoch das Minus aus den verlustbringenden Transaktionen, so daß ein erheblich größerer Gewinn gemacht worden wäre, als mit der einen Operation des Kaufens und Haltens.

Bei den short-Transaktionen ist das Verhältnis noch krasser. Hier sind 13 der 60 Transaktionen, also weniger als 22%, gewinnbringend, und trotzdem ist das Gesamtresultat eindeutig positiv. Dies ist eine weitere Bestätigung der wichtigen Börsenregel: Gewinne laufen lassen, Verluste realisieren!

Im Detail hätte die Durchführung der 20-Tage-Strategie folgendermaßen ausgesehen:

Der Anleger bildet die Summe der DAX-Schlußkurse der letzten 20 Tage und dividiert sie durch zwanzig. Diese Zahl vergleicht er mit dem DAX-Schlußkurs des jeweiligen Tages. Liegt der DAX erstmalig wieder über der durch zwanzig dividierten Summe, nachdem er am Tag zuvor noch darunter gelegen hatte, kauft der Anleger nach Schluß der Präsenzbörse einen DAX-Future, er geht „long". Für diesen DAX-Future muß der Börsianer eine Sicherheitsleistung von 26 000 DM hinterlegen. Ein Punkt Bewegung des DAX-Indexes nach oben ergibt ein Plus von 100 DM, eine Bewegung des DAX-Indexes nach unten von einem Punkt erbringt ein Minus von 100 DM. Die üblichen Spesen für je einmal Kauf und Verkauf sind 150 DM. Liegt der DAX am nächsten Tag wieder über dem Durchschnitt der dann letzten 20 Tage, bleibt der Anleger investiert, er bleibt long. Erst wenn der DAX eines Tages tiefer schließt, als die durch zwanzig geteilte Summe der letzten 20 Tage, wird der DAX wieder verkauft und zugleich ein weiterer DAX-Future „leer" verkauft. Der Börsianer geht „short". Er bleibt solange short, bis der DAX wieder höher schließt als der Durchschnitt der dann letzten 20 Tage, kauft dann den leerverkauften DAX-Index zurück und kauft einen weiteren Index. Der Börsianer geht wieder long.

Diese Handlungsanweisung hätte in den letzten fünf Jahren - den handelbaren DAX-Index gibt es allerdings erst seit 1991- 953 DAX Punkte, also 95 300 DM erzielt.

Die maximale Durststrecke, die der Investor zu überwinden gehabt hätte, wäre minus 27 000 Mark gewesen. Bei einem beliebigen Einstieg in dieses System während der gesamten Laufzeit wäre also 27 000 DM das tiefste Minus gewesen, das aufgetreten wäre. Dies wäre beim „Gorbatschow-Crash“ der Fall gewesen. Hier war der Anleger gerade long, als am Montagmorgen, den 19.8.1991, wegen der Ereignisse in der Sowjetunion, der DAX 150 Punkte tiefer landete, was nach dem 20-Tage-Modell einen Verkauf der long-Position und einen Leerverkauf anzeigte. Wenige Tage später, als sich die Lage geklärt hatte, schoß der DAX steil in die Höhe und der leerverkaufte Index ins Minus. Der Gorbatschow-Crash war für das Trendfolgemodell der bisher ungünstigste Fall.

Selbst bei diesem ungünstigsten aller möglichen Einstiege in diese Strategie wären nach den 270 DAX-Minuspunkten im Anschluß seit August 1991 noch 577 Pluspunkte gekommen.

Trotz des maximalen Anlaufverlustes von 27 000 DM im August 1991 hätte der Anleger im Juni 1993 wieder den Verlust aufgeholt und läge etwa 30 000 DM im Plus.

Bei der genauen Analyse der Gewinne und Verluste, die sich bei Anwendung der 20-Tage-Strategie mit dem DAX-Future ergeben, muß der Zinseffekt, der bei Termingeschäften auftritt, berücksichtigt werden: Die Termingeschäfte auf den DAX laufen viermal im Jahr aus, am dritten Freitag des März, des Juni, des September und des Dezember. An diesen Auslaufterminen ist der DAX-Terminindex per Definition gleich dem Kassaindex des DAX, der täglich auf dem Börsenparkett festgestellt wird. An diesem Tag findet ein Barausgleich für den Käufer eines DAX-Termingeschäfts statt. Hat er einen DAX-Index billiger gekauft, als er an diesem Abrechnungstag steht, bekommt er die Differenz ausbezahlt, hat er ihn teurer gekauft, muß er den Differenzbetrag bezahlen. Der Kontraktwert des DAX ist 100 DM mal die Punktzahl des DAX-Indexes, also bei einem DAX-Stand von 1700 Punkten 170 000 DM. Nun hat der Käufer eines DAX-Indexes den Vorteil gegenüber einem Börsianer, der für 170 000 DM Aktien gekauft hat, das er die 170 000 Mark nicht hinterlegen muß. Er kann sie also in der Zwischenzeit verzinslich anlegen. Dieses Faktum muß natürlich in die Preisfindung des DAX-Terminindexes mit eingehen. Wegen dieses Zinsvorteils liegt der DAX-Terminindex in der Regel während der Laufzeit höher als der Kassaindex. Dieses Aufgeld wird von der Restlaufzeit des Terminindexes bestimmt und baut sich während der Laufzeit ab. Bei einem Tagesgeldzinssatz von 8% ergeben sich acht Zwölftel Prozent Aufgeld, wenn der Terminindex noch einen Monat bis zur Endfälligkeit hat. Acht Zwölftel Prozent von einem Kurs von 1700 sind 0,66% mal 1700 Punkte gleich 11,3 DAX-Punkte. Pro Monat verliert also, bei einem Tagesgeldzinssatz von 8% unter Banken, der DAX-Terminindex 11,3 Punkte allein aufgrund seines Zinsvorteils. Pro Börsentag ist das ein halber DAX-Punkt.

Wenn diese Zinsüberlegungen in die Betrachtungen mit einbezogen werden, schneidet das 20-Tage-Trend-Modell noch wesentlich besser ab als das bloße Halten von Aktien. Hätte der Anleger von Juli 1988 bis Juni 1993 einen DAX-Future gehalten, das heißt bei Auslaufen des einen den nächsten genommen, hätte er, obwohl der DAX-Kassaindex in derselben Zeit 448 Punkte zulegte, keinen Gewinn gemacht. Bei 11,3 Punkten, die der DAX-Future bei einem Tagesgeldsatz von 8% gegen den Kassa-DAX pro Monat verliert, hätten diese 60 Monate mal 11,3 Punkte 678 Minuspunkte beim Termin-DAX gemacht. Die Summe aus den 448 Pluspunkten, die der Kassaindex zulegte und den 678 Minuspunkten, die sich aus der Zinssituation ergaben, hätte dem Anleger 130 Minuspunkte gleich 13 000 Mark Verlust beim bloßen Halten eines DAX-Terminindexes gebracht. Die Aktien waren nämlich pro Jahr weniger gestiegen als die acht Prozent Tagesgeld, die sich in dem gegebenen Zeitraum erzielen ließen.

Bei dem 20-Tage-Trendfolgemodell, angewandt in der Zeit von Juli 1988 bis Juni 1993, war der Börsianer 654 Tage long und 496 Tage short. Das ergibt zusammen einen Zinsvorteil von 24 800 Mark und einen Zinsnachteil von 32 700 DM. Diese 7 900 DM, die sich aus der Differenz ergeben, müssen von den 95 300 Mark, die das Kursplus des Kassa-DAX liefert, abgezogen werden. Die Spesen, die 120 Transaktionen verursachen, also 120 mal 150 Mark gleich 18 000, Mark müssen ebenfalls von den 95 300 Mark abgezogen werden. Es bleibt ein Plus von 68 800 DM, das die 20-

Tage-Strategie geliefert hätte, gegen ein Minus von 13 000 Mark, das ein bloßes Halten des DAX-Indexes ergeben hätte

Auch die Langfristbeobachtung des 20-Tage-Durchschnitts liefert erfreuliche Ergebnisse. Hätte der Anleger die Strategie von Oktober 1959 bis September 1994 angewandt, hätten sich 2583 Pluspunkte bei 457 Transaktionen ergeben, in einem Zeitraum, in dem der DAX nur 1742 Punkte gestiegen war. Die zusätzlich angewandte short-Strategie hätte noch einmal 798 Punkte gebracht. Zusammengenommen also sind die 3381 Punkte Gewinn der 20-Tage-Strategie etwa doppelt so hoch wie die 1742 Pluspunkte des DAX selbst.

7.5 Die 10-Tage-Linie

Ebenfalls hilfreich, wenn auch nicht ganz so profitabel wie die 20-Tage-Linie für die Trendfolgemethode in den letzten fünf Jahren, ist die 10-Tage-Linie. Sie schmiegt sich, wie die nachfolgenden zwei Grafiken zeigen, noch näher an den Verlauf des DAX-Indexes an.

DAX und 10-Tage-Linie (11.7.88 - 1.1.91)

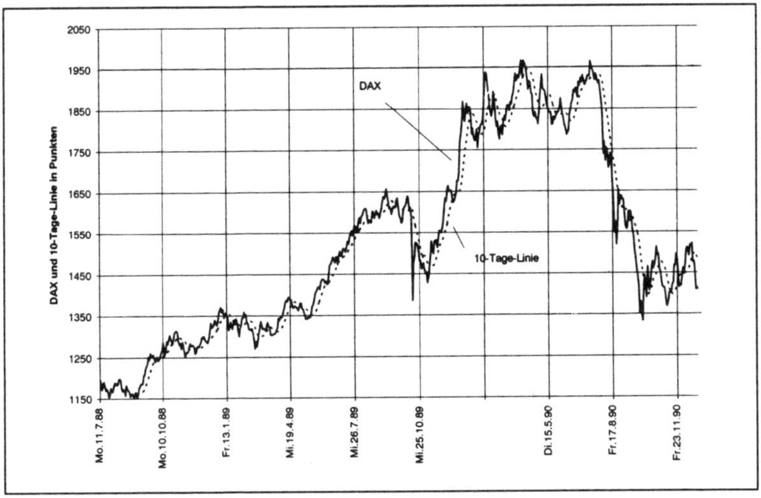

DAX und 10-Tage-Linie (2.1.91 - 23.2.93)

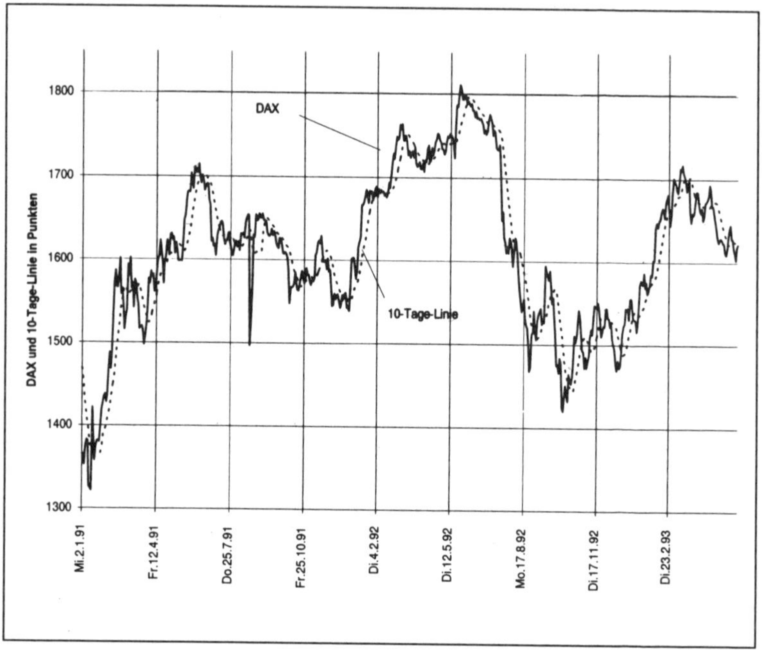

Die Ergebnisse, die sich erzielen lassen, wenn gekauft wird, sobald der DAX die 10-Tage-Linie von unten nach oben schneidet, und verkauft wird, wenn der DAX durch die 10-Tage-Linie fällt, sind ebenfalls beeindruckend, doch nicht ganz so überzeugend, wie die Resultate beim 20-Tage-Modell.

So hätte das 10-Tage-Modell, angewandt vom Juli 1988 bis zum Juli 1993, allein durch Befolgen der Kaufsignale, ein Kursplus von 608 DAX-Punkten bei 81 Transaktionen gebracht.

Kursverlauf des DAX, während das 10-Tage-Modell investiert ist

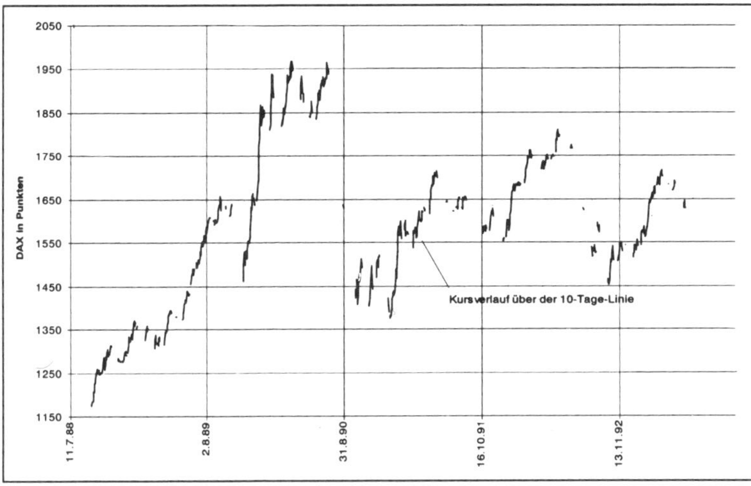

Der jeweilige Verkauf eines Terminaktienindex bei jedem Verkaufssignal hätte zusätzliche 256 Punkte gebracht.

Kursverlauf des DAX, während das 10-Tage-Modell einen Leerverkauf signalisiert

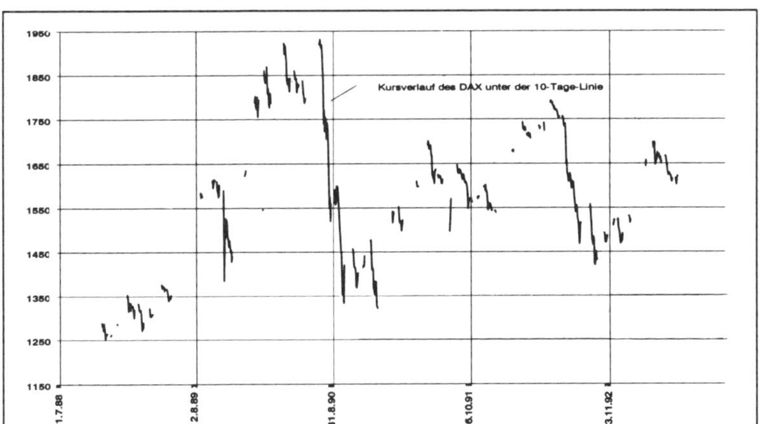

Die Anwendung des 10-Tage-Trendfolgeindikators hätte also insgesamt 864 Pluspunkte des DAX-Indexes ergeben, während das Kaufen und Liegenlassen der Aktien nur 443 Punkte erzielt hätte. Dieses Ergebnis ist annähernd so hoch wie das des 20-Tage-Modells, birgt jedoch den Nachteil der höheren Anzahl von Transaktionen. So mußten beim 10-Tage-Trendfolge-Modell 81 statt der 60 beim 20-Tage-Modell nötigen Käufe und Verkäufe durchgeführt werden. Dennoch führt auch das 10-Tage-Modell zu einem fast doppelt so hohen Ertrag wie das bloße Liegenlassen der gekauften Aktien.

Nur 32 der 81 long-Operationen, also 39%, waren positiv, und 26 der 81 getätigten Leerverkäufe, also 32%, ergaben ein Plus. Dennoch hätte die 10-Tage-Strategie in den letzten fünf Jahren ein Plus von 73% eingebracht, der DAX selbst stieg in der gleichen Zeit nur 37%.

7.6 Die 5-Tage-Linie als Trendfolgeindikator

DAX und 5-Tage-Linie (11.7.88 - 1.1.91)

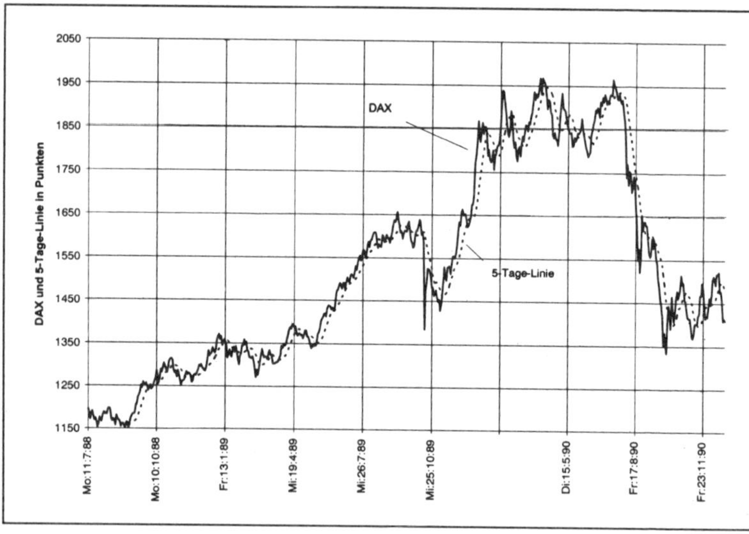

DAX und 5-Tage-Linie (2.1.91 - 23.2.93)

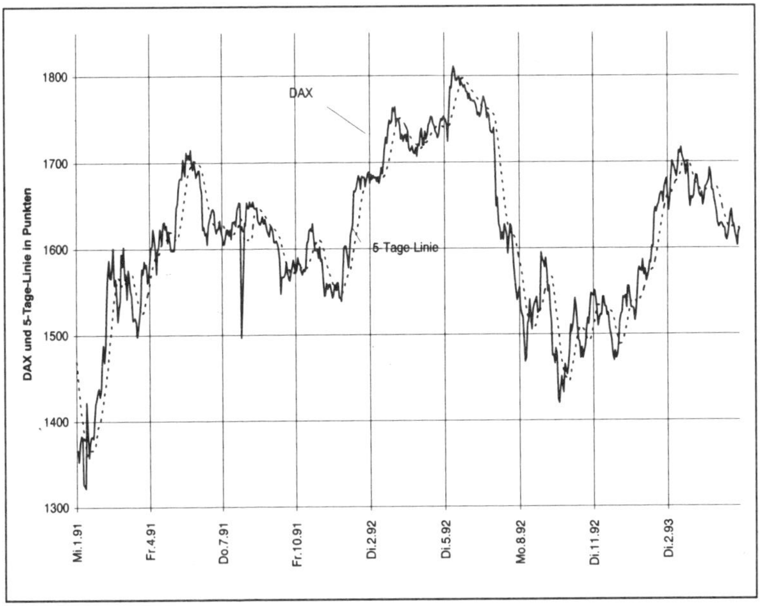

Nicht ganz so optimal ist die 5-Tage-Linie als Trendfolgeindiktor. Sie ergibt zwar 831 Pluspunkte beim DAX-Index, es waren für dieses Ergebnis aber 117 Transaktionen notwendig. Die Kaufsignale brachten zusammengenommen 606 Pluspunkte, die Leerverkaufssignale noch einmal 225 Punkte. Das bloße Halten des DAX hätte 454 Punkte ergeben. Auch beim 5-Tage-Modell, wie schon beim 10-Tage-Modell und beim 20-Tage-Modell, war der „Gorbatschow-Crash" das herausragende negative Ereignis: Die Aktien fielen gerade, als der Anleger long war, um 134 DAX-Punkte, das Modell drehte auf Leerverkauf, und die Aktien schossen wieder 133 Punkte in die Höhe, als der Mißerfolg des Putsches bekannt wurde.

So schlugen die 4 Tage, die die Welt in Atem hielten, mit 267 Minuspunkten zu Buche. Trotz dieses sehr unglücklichen Ereignisses gab es 831 Pluspunkte.

Bezeichnenderweise wurde dieses Resultat mit nur 38% gewinnbringenden Transaktionen erzielt.

Die Trendfolgemodelle bestätigen somit eindrucksvoll zwei überaus wichtige Börsenregeln:

1. Der Trend ist dein Freund.
2. Gewinne laufen lassen, Verluste realisieren.

8. GEWICHTETE GLEITENDE DURCHSCHNITTE

Bei den ungewichteten gleitenden Durchschnitten geht jeder Kurs in gleicher Weise in die Berechnung ein, jeder ist also gleich wichtig. Kommt ein neuer aktueller Kurs hinzu, fällt der älteste weg. Vielfach wird deshalb ein gewichteter Durchschnitt verwandt. Hierbei gehen die Kurse, je aktueller, desto schwerer, in die Berechnung ein. Die Begründung hierfür ist, daß ältere Kurse nicht dieselbe Bedeutung haben sollten wie frische Kurse. In der Praxis jedoch ist es kompliziert und wenig hilfreich, gewichtete Durchschnitte zu verwenden. Wenn ältere Kurse nicht solch ein Gewicht bei der Berechnung haben sollen, kann die Zeitspanne, über die beim ungewichteten Durchschnitt gemittelt wird, verkürzt werden. Ein über zwanzig Tage geometrisch gemittelter Durchschnitt kann gut durch einen ungewichteten über zehn Tage gemittelten ersetzt werden.

8.1 Die MACD-Methode

Gewichtete Durchschnittswerte benutzt der MACD-Indikator. MACD steht hier für Moving Average Convergence - Divergence Trading Method, also für die gleitende Durchschnitts - Konvergenz - Divergenz - Methode.

Hier werden zwei gewichtete Durchschnitte mit unterschiedlichen Zeitspannen, für die der Mittelwert gebildet wird, voneinander abgezogen. Zu dieser MACD-Indikator-Linie selbst wird noch einmal ein gewichteter gleitender Durchschnitt gebildet, die Signallinie. Schneidet die MACD-Indikator-Linie ihren eigenen gleitenden Durchschnitt, also die Signallinie, nun von unten nach oben, ist ein Kaufsignal gegeben, fällt sie wieder von oben nach unten und unterschreitet dabei die Signallinie, so ist ein Verkauf angeraten.

In der Praxis werden bei der Berechnung des MACD-Indikators jedoch ungewichtete Durchschnitte verwendet. Üblich ist die

Differenz zwischen einem 12-Tage- und einem 26-Tage-Durchschnitt. Diese MACD-Indikator-Linie wird dann noch einmal über 9 Tage gemittelt.

DAX und MACD-Indikator (4.10.93 - 12.10.94)

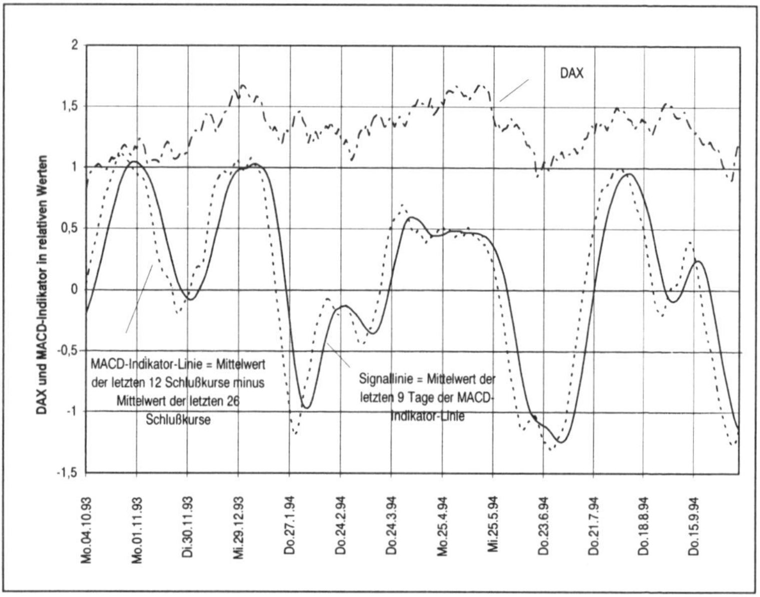

Hätte der Anleger von Oktober 88 bis Juni 93 diesen Indikator befolgt, das heißt, hätte er bei einer erstmalig wieder über dem 9-Tage-Durchschnitt liegenden MACD-Linie gekauft und bei einem Unterschreiten des Durchschnitts verkauft, hätte er 302 Pluspunkte eingesammelt. Nötig wären dafür 39 Transaktionen gewesen. In der gleichen Zeit ist der DAX 418 Punkte gestiegen. Die MACD-Methode hätte dem Anleger also keinen Vorteil gebracht.

Von 1959 bis Ende 1994 hätte diese Methode 1679 Punkte geliefert, der DAX selbst jedoch 1719. Auch hier wäre eine Befolgung dieser MACD Methode nicht ergiebig gewesen.

DAX und MACD-Indikator (15.8.88 - 6.12.93)

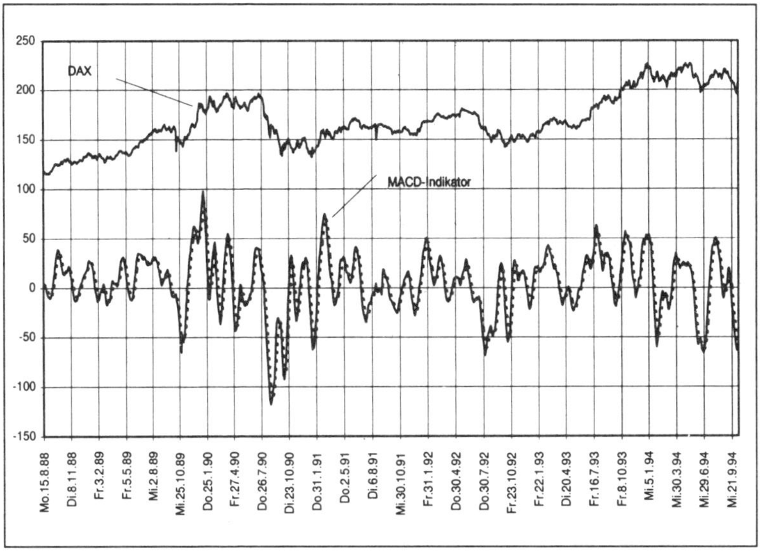

9. MOMENTUM

Das Momentum, im Englischen als „rate of change" , kurz ROC, bezeichnet, ist eine Rechengröße, die Auskunft darüber geben soll, in welche Richtung und mit welcher Kraft sich der Aktienmarkt bewegt. Es wird berechnet, indem der letzte Aktienkurs durch einen Kurs der Vergangenheit, etwa durch einen 5, 10, 20 oder 30 Tage alten Kurs, geteilt wird.

So ist das 20-Tage-Momentum gleich dem heutigen Aktienkurs geteilt durch den 20 Tage alten Aktienkurs. Liegt der aktuelle Kurs über dem 20 Tage alten, ist das Momentum größer als 1 und der Markt steigt, notiert der neue Kurs unter dem 20 Tage alten, ist das Momentum kleiner als 1 und der Markt fällt.

Neben der Richtung liefert das Momentum noch die Stärke der Bewegung. Aus dem Quotienten läßt sich direkt die prozentuale Veränderung des neuen Kurses gegenüber dem alten Kurs ablesen. Bei einem Momentum von 1,05 liegt der Aktienmarkt aktuell 5% über dem Vergangenheitswert, bei einem Momentum von 0,94 liegt er 6% unter dem Vergleichswert.

Wird nun das Momentum über oder unter dem Aktienmarkt aufgetragen, ergibt sich der zeitliche Verlauf des Momentums. Durchstößt das Momentum von unten nach oben die 1er-Linie, ergibt sich ein Kaufsignal, denn der Kurs liegt zum ersten Mal wieder höher als der entsprechende Vergangenheitswert. Der Markt hat von „fallend" auf „steigend" gedreht.

Durchschneidet das Momentum die 1er-Linie von oben nach unten, ist analog ein Verkaufssignal erschienen.

DAX und Momentum-Indikator

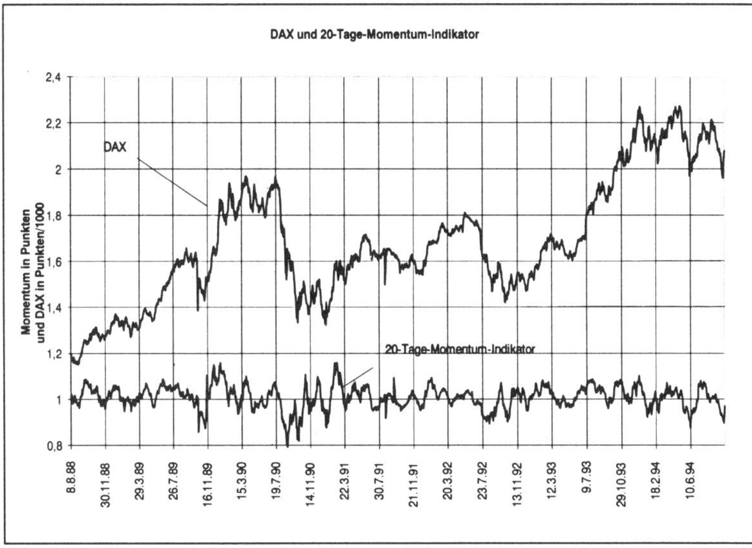

Aufgetragen ist in obigem Bild das 20-Tage-Momentum unter dem DAX vom 8.8.1988 bis zum 10.10.1994.

Es hat in dieser Zeit 65 Kauf- und 65 Verkaufssignale gegeben. Hätte sich der Anleger an den Momentum-Indikator gehalten, hätte er mit 65 kompletten Transaktionen, also Kauf und Verkauf, 532 DAX Punkte eingefahren. Der DAX selber ist jedoch 951 Punkte gestiegen.

Die Anwendung des 20-Tage-Momentum-Indikators auf den DAX von 1988 bis Oktober 1994 hätte also keine sonderlich guten Resultate geliefert, im Gegenteil, das Kaufen und Halten hätte besser abgeschnitten. Zusätzlich belasten die Gebühren von 65 Transaktionen das Konto des Momentum-Indikator-Anwenders. Werden andere Zeitspannen zur Berechnung des Momentums gewählt, ergeben sich ebenfalls keine zufriedenstellenden Resultate. Hätte ein Investor schon 1959 damit begonnen, das Momentum zu berechnen und sich danach gerichtet, wären bis zum 4.1.1995

1688 DAX Punkte zusammengekommen. Der DAX selbst legte in der gleichen Zeit etwa dasselbe zu, 1684 Punkte. Es ist nicht verwunderlich, daß fast exakt das Resultat des DAX erzielt wurde. Die sehr große Zahl von 8800 Börsentagen dieser Untersuchung läßt wohl zuverlässig den Schluß zu, daß die Berechnung des 20-Tage-Momentums beim DAX keinen Sinn macht.

Bei Anwendung des 10-Tage-Momentums hätte der Investor gar nur 335 Pluspunkte bei 95 kompletten Transaktionen erzielt. Wie nicht anders zu erwarten, liefert die langfristige Untersuchung des 10-Tage-Momentums von 1959 bis 4.1.1995 mit 1675 Punkten wieder fast exakt das Resultat des DAX, mit dem 1684 Punkte in der gleichen Zeit zu erzielen waren. Die Anwendung des 10-Tage-Momentums ist also auch nicht hilfreich.

Ein nicht ganz so schlechtes Ergebnis wie das 20-Tage-Momentum in den letzten 6 Jahren, nämlich 785 Punkte bei 145 Transaktionen, wäre mit dem 5-Tage-Momentum zu erzielen gewesen. 785 Punkte sind zwar fast soviel wie die 951 Punkte, die die Kaufen-und-Halten-Strategie ergeben hätte, doch die zusätzlichen Spesen der 145 Transaktionen schlagen kräftig zu Buche.

Eine weitere Strategie wird mit dem Momentum manchmal angewandt, nämlich der Kauf, wenn das Momentum „nach oben dreht". So wird ein Kaufsignal ausgelöst, wenn das Momentum erstmals wieder größer ist als das Momentum des Vortages. Verkauft wird, wenn das Momentum wieder nach unten wendet. Doch ein Vorsprung läßt sich mit dieser Anwendung des Momentums auch nicht erzielen. 606 Punkte hätte die Beachtung der Regel bei 308 Käufen und Verkäufen ergeben.

Wird das „Drehen" des Momentums anders definiert, zum Beispiel dadurch, daß ein Wendesignal auftritt, wenn das 10-Tage-Momentum seinen eigenen gleitenden 5-Tage-Durchschnitt schneidet, ließen sich auch nur 761 Punkte erzielen.

Zusammengefaßt ergibt sich, daß die Berechnung des Momentum-Indikators wenig hilfreich ist. Keine der untersuchten Anwendungen hätte es vermocht, die mit dem DAX erzielte Punktzahl in den letzten 36 Jahren zu übertreffen.

10. STOCHASTIK

Der Stochastik-Indikator geht auf den Amerikaner George C. Lane zurück und ist ein Maß für die momentane relative Lage des Aktienmarktes im Vergleich zum Kursband der letzten Zeit. Die Stochastik ist ein Begriff aus der Mathematik. Sie bezeichnet die Beobachtung einer zufälligen Größe.

Der Stochastik-Indikator wird bestimmt durch den Quotienten aus zwei Differenzen: aktueller Aktienkurs minus Tiefstkurs der letzten Zeit und Höchstkurs der letzten Zeit minus Tiefstkurs der letzten Zeit. Ist der aktuelle Kurs der tiefste Kurs der letzten Zeit, so ergibt der Quotient null, ist er der höchste, liefert der Bruch den Wert eins. Zahlen dazwischen geben an, wo sich der Aktienkurs im Vergleich mit Höchst- und Tiefstkurs befindet.

DAX und Stochastik -Indikator (5.4.94 - 10.10.94)

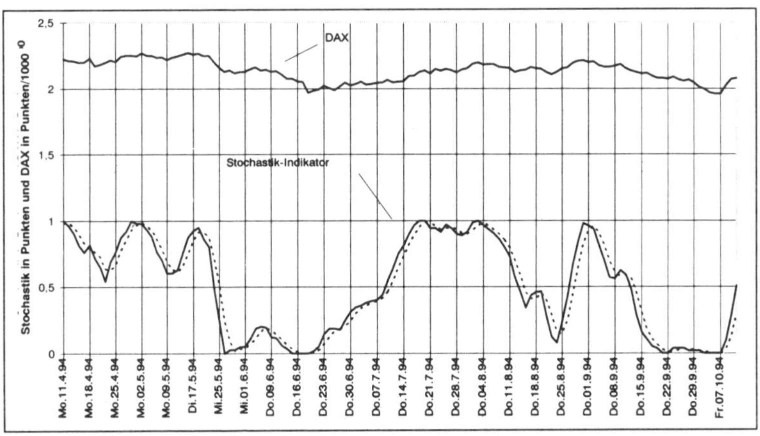

Die von Lane empfohlene Zeitspanne, für die dieser auch „K" genannter Indikator berechnet werden soll, ist 5 bis 21 Tage. Dieser Quotient wird geglättet, zum Beispiel über drei Tage, und „SK" oder „D" genannt. Die Glättung ist einfach der Mittelwert der letzten drei Tage. Die Größe SK wird wiederum etwa über drei Tage geglättet und dann „SD" oder „slow" genannt. Schneidet nun die SK Linie die SD Linie von unten nach oben, ergibt sich ein Kaufsignal, durchbricht SK SD von oben nach unten, wird wieder verkauft.

DAX und Stochastik-Indikator (8.8.88 -10.10.94)

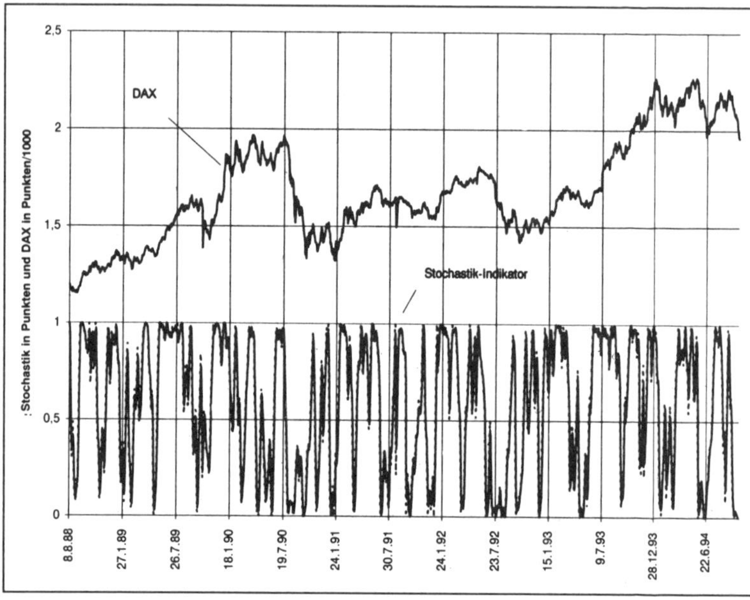

In der Grafik wurde der Stochastik-Indikator für 20 Tage berechnet. Die Glättung zur Erlangung der SK und der SD Linie fand jeweils über 3 Tage statt.

Im Zeitraum vom 19.8.1988 bis zum 29.9.1994 hätte die Befolgung des Stochastik-Indikators dem Investor 997 Pluspunkte eingebracht. Nicht ganz soviel, nämlich nur 839 Punkte,stieg der DAX im gleichen Zeitraum. Der leichte Vorteil des Stochastik-Indikators wurde allerdings mit 181 Transaktionen erkauft. Im aussagekräftigeren Langfristvergleich DAX gegen Stochastik-Indikator lag der DAX ein wenig vorne. Von 1959 bis Anfang 1995 ließen sich mit der Stochastik 1451 DAX-Punkte erzielen, der DAX legte 1725 Punkte zu.

Die Variierung der Zeitspanne, für die der Stochastik-Indikator berechnet wird, ergibt ebenfalls keine wesentliche Verbesserung dieses Ergebnisses. Die 30-Tage-Stochastik mit Mittelungen über 20 Tage und noch einmal über 5 Tage hätte von 1959 bis 1995 insgesamt 1307 DAX-Punkte eingesammelt.

Die Stochastik ist ein Indikator aus der Gruppe der Oszillatoren. Sie schwankt zwischen 0 und 1 und gibt an, ob der Markt „überkauft" und fällig für eine Reaktion nach unten oder „überverkauft" und reif für eine Korrektur nach oben ist. Ein Oszillator ist also das Gegenteil von einem Trendfolgeindikator. Sind die Aktienkurse in der letzten Zeit gestiegen, schaltet das Trendfolgemodell auf grün und prognostiziert weiter steigende Kurse. Der Oszillator rät in diesem Fall zu einem Verkauf, da die Kurse erst einmal wieder zurückgehen sollten. Da Trendfolgemodelle, wie etwa das 20-Tage-Modell beim DAX zu großen Gewinnen führt, wird klar, warum ein Oszillator wie die Stochastik wenig gewinnversprechend ist.

Die Stochastik ist also kein geeignetes Instrument für eine Prognose über den weiteren Verlauf des DAX.

11. WILLIAMS-INDIKATOR

Einen der Stochastik ähnlichen Indikator hat Larry Williams entwickelt. Er bildet den Quotienten aus den Differenzen von Höchstkurs minus aktuellem Kurs und Höchstkurs minus Tiefstkurs. Hierbei kann die Zeitspanne, für die der Höchstkurs und der Tiefstkurs ermittelt wird, gewählt werden. Auch dieser Indikator gibt, wie die Stochastik, die relative Lage des Aktienkurses in Bezug auf die in letzter Zeit vorherrschende Handelsspanne an. Steht der Indikator bei 0, ist der Aktienkurs auf dem höchsten Stand des betrachteten Zeitraums, ist der Indikator 1, sind die Aktien auf dem tiefsten Stand. Generell gilt, daß, wenn der Williams Indikator über 0,8 steigt, der Markt „überkauft" ist und daß, wenn er unter 0,2 notiert, der Markt „überverkauft" ist. Wenn die Maßzahl von über 0,8 auf unter 0,8 fällt, wenn also der Markt „überkauft" war und sinkt, ist ein Verkaufssignal gegeben. Umgekehrt, wenn der Indikator von unter 0,2 auf über 0,2 steigt, ist ein Kauf angeraten.

DAX und Williams-Indikator (3.1.94 - 10.10.94)

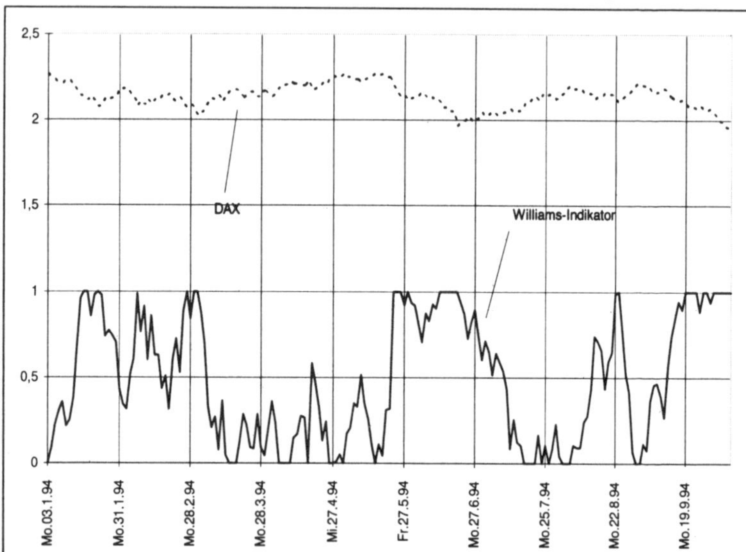

Die Beachtung des Williams-Indikator hätte von November 88 bis Oktober 94 genau 609 DAX-Punkte bei 30 Käufen und 30 Verkäufen erzielt. Dieses Ergebnis ist positiv, aber dennoch schlechter als das bloße Kaufen und Halten von Aktien. Letzteres hätte 829 DAX-Punkte in der gleichen Zeit ergeben. Auch der Williams-Indikator kommt nicht an das Ergebnis des 20-Tage-Modells heran.

DAX und Williams-Indikator (8.8.88 - 10.10.94)

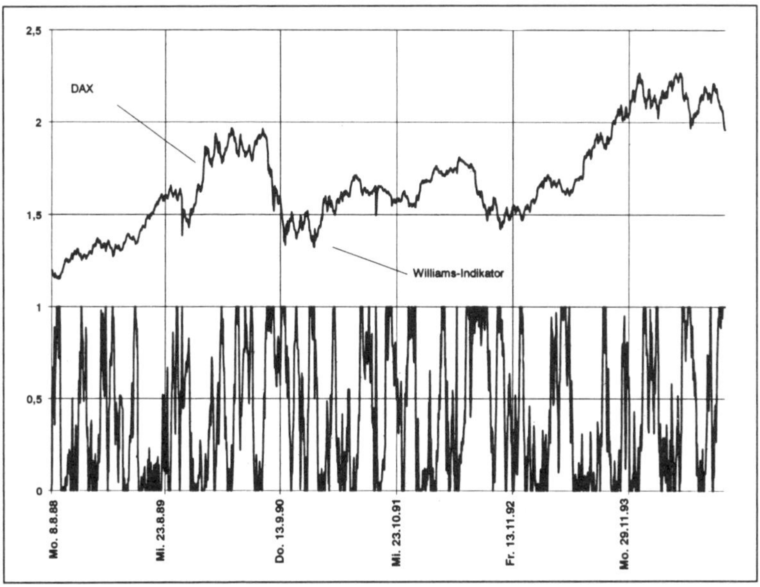

12. ZUSAMMENFASSUNG

In der Zusammenfassung läßt sich sagen, daß der wirksamste Langfristindikator für die Aktienanlage der Zins ist, hierbei als wichtigste Meßgröße der Diskontsatz. Die Beachtung des Diskontsatzes ließ in den vergangenen 30 Jahren mit plus 430% ein fast doppelt so gutes Ergebnis zu wie die Aktienanlage ohne Rücksicht auf irgendwelche Indikatoren. Unter Hinzunahme dreier weiterer Einflußfaktoren ließ sich das Resultat der dreißigjährigen Investition in Aktien dramatisch verbessern. Wurde die Inflationsrate, der Dollarkurs und die Jahreszeit mit berücksichtigt, ließ sich ein Plus von 2000% oder ein neunfach besserer Saldo erreichen.

Der langfristig planende Anleger sollte also in jedem Fall vor einem Aktienkauf diese vier Größen beachten. Alle anderen Indikatoren verblassen in ihrer Bedeutung gegenüber Diskont, Dollar, Inflation und Jahreszeit.

Für den kurzfristigen Händler ist das erfolgversprechendste Rezept die Anwendung eines Trendfolgemodells. Solch ein Modell eignet sich nicht für den langfristigen Aktienanleger, da der wahrscheinliche Gewinn durch die Spesen des häufigen Kaufens und Verkaufens zunichte gemacht wird. Der Trader jedoch, der mit dem spesengünstigen DAX-Future umzugehen weiß, hat mit der Trendfolgeregel eine gewinnversprechende Handlungsanweisung. In den letzten fünf Jahren hätte diese Strategie einen Gewinn von 12 000 DM pro DAX und Jahr eingefahren.

Obwohl in diesem Buch einige Strategien vorgestellt wurden, die in der Vergangenheit zu großen Gewinnen geführt haben, kann keine Gewähr dafür übernommen werden, daß diese Strategien auch in der Zukunft zu Börsenerfolgen führen.

Deshalb die Warnung:

DER KAUF ODER VERKAUF VON AKTIEN ODER AKTIENINDIZES KANN IHRE FINANZIELLE GESUNDHEIT GEFÄHRDEN!

ANHANG

Auf den nachfolgenden Seiten ist der DAX in täglicher Darstellung mit seinem gleitenden 20-Tage-Durchschnitt über dem jeweiligen Diskontsatz aufgetragen. Der Leser kann sich daran in das 20-Tage-Trendfolgemodell hineindenken und die Wirkung einer Diskontsatzänderung studieren. Interessant ist auch die Beobachtung von signifikanten Kursverläufen, etwa dem des Oktober 1987 während des großen Börsen-Crashs oder dem des August 1991 beim Gorbatschow-Crash.

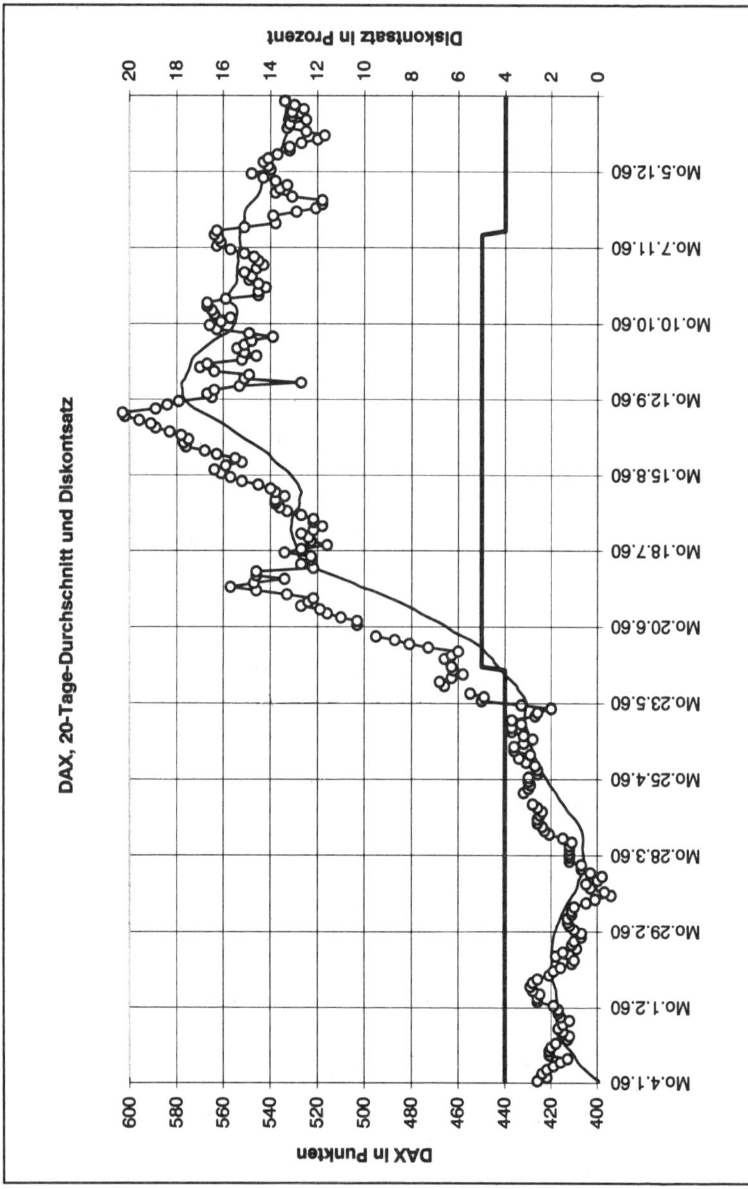
DAX, 20-Tage-Durchschnitt und Diskontsatz
DAX in Punkten
Diskontsatz in Prozent
600
580
560
540
520
500
480
460
440
420
400
20
18
16
14
12
10
8
6
4
2
0
Mo.4.1.60
Mo.1.2.60
Mo.29.2.60
Mo.28.3.60
Mo.25.4.60
Mo.23.5.60
Mo.20.6.60
Mo.18.7.60
Mo.15.8.60
Mo.12.9.60
Mo.10.10.60
Mo.7.11.60
Mo.5.12.60

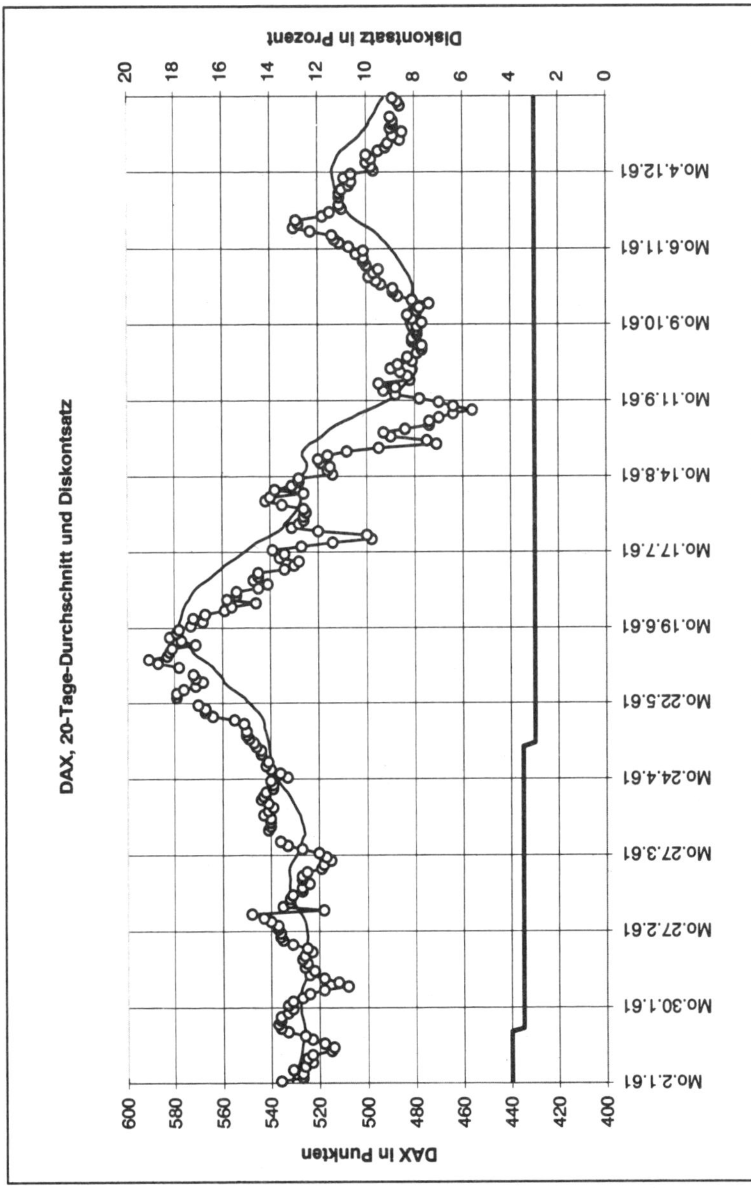
DAX, 20-Tage-Durchschnitt und Diskontsatz
Diskontsatz in Prozent
20
18
16
14
12
10
8
6
4
2
0
DAX in Punkten
600
580
560
540
520
500
480
460
440
420
400
Mo.2.1.61
Mo.30.1.61
Mo.27.2.61
Mo.27.3.61
Mo.24.4.61
Mo.22.5.61
Mo.19.6.61
Mo.17.7.61
Mo.14.8.61
Mo.11.9.61
Mo.9.10.61
Mo.6.11.61
Mo.4.12.61

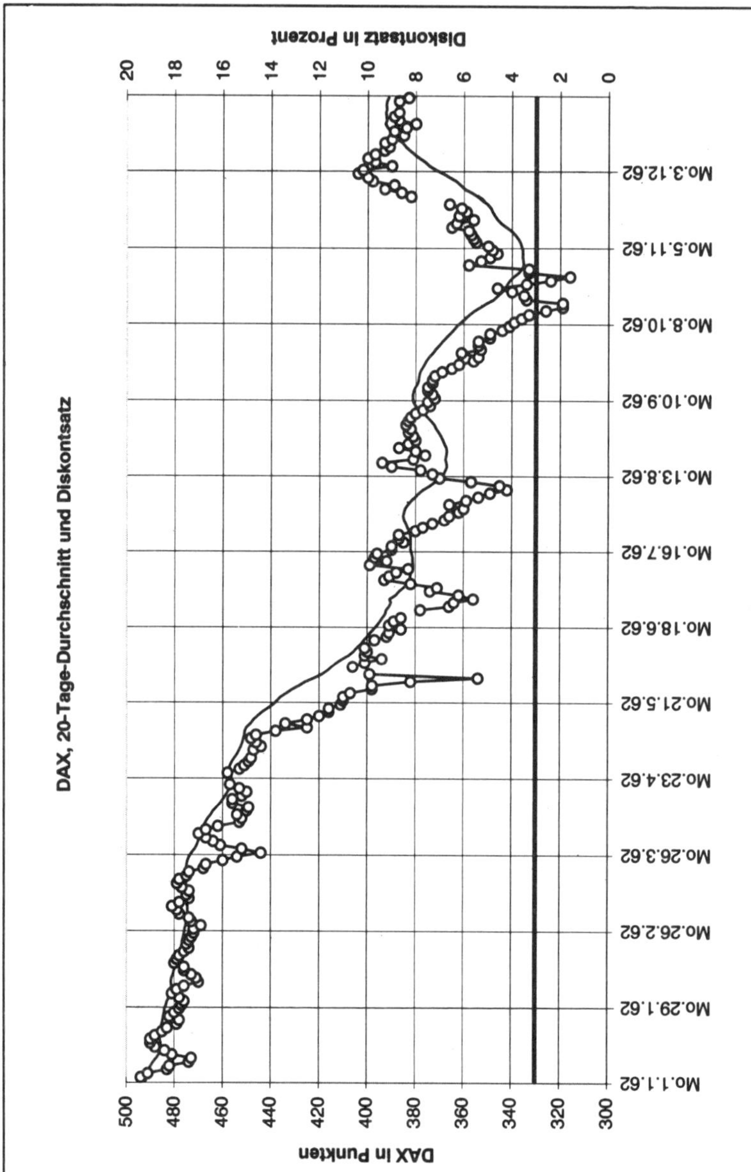
DAX, 20-Tage-Durchschnitt und Diskontsatz
Diskontsatz in Prozent
20
18
16
14
12
10
8
6
4
2
0
DAX in Punkten
500
480
460
440
420
400
380
360
340
320
300
Mo.1.1.62
Mo.29.1.62
Mo.26.2.62
Mo.26.3.62
Mo.23.4.62
Mo.21.5.62
Mo.18.6.62
Mo.16.7.62
Mo.13.8.62
Mo.10.9.62
Mo.8.10.62
Mo.5.11.62
Mo.3.12.62

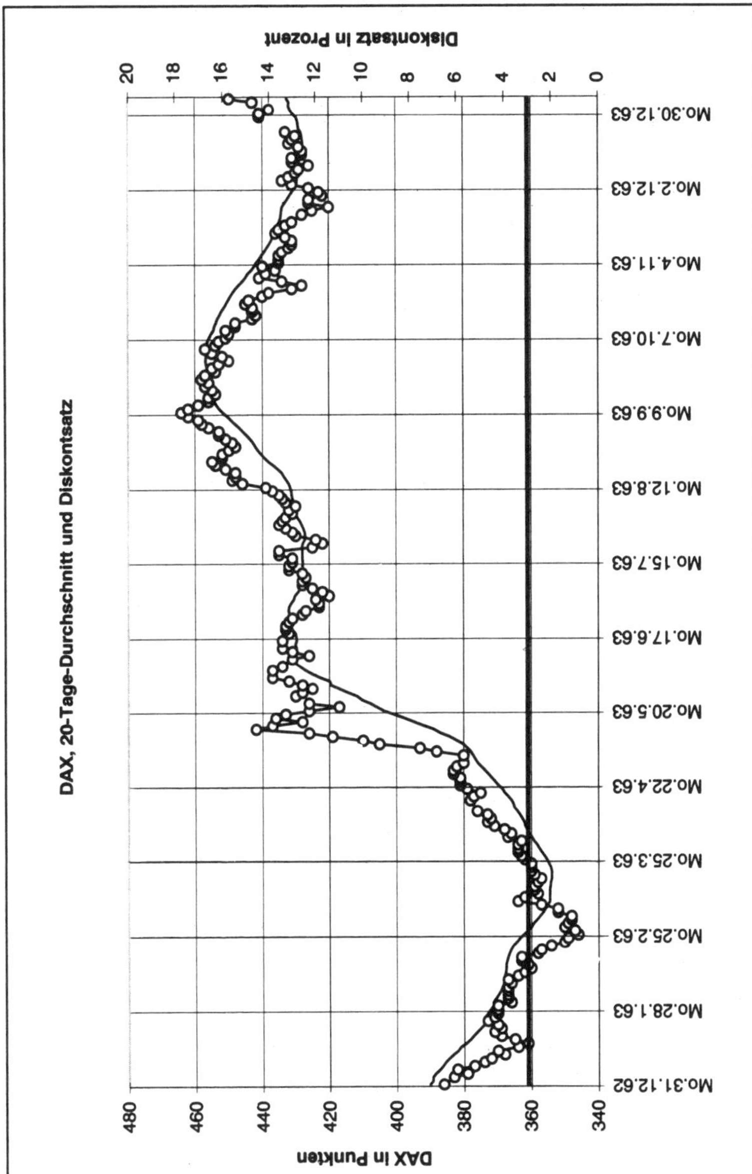
DAX, 20-Tage-Durchschnitt und Diskontsatz
DAX in Punkten
480
460
440
420
400
380
360
340
Diskontsatz in Prozent
20
18
16
14
12
10
8
6
4
2
0
Mo.31.12.62
Mo.28.1.63
Mo.25.2.63
Mo.25.3.63
Mo.22.4.63
Mo.20.5.63
Mo.17.6.63
Mo.15.7.63
Mo.12.8.63
Mo.9.9.63
Mo.7.10.63
Mo.4.11.63
Mo.2.12.63
Mo.30.12.63

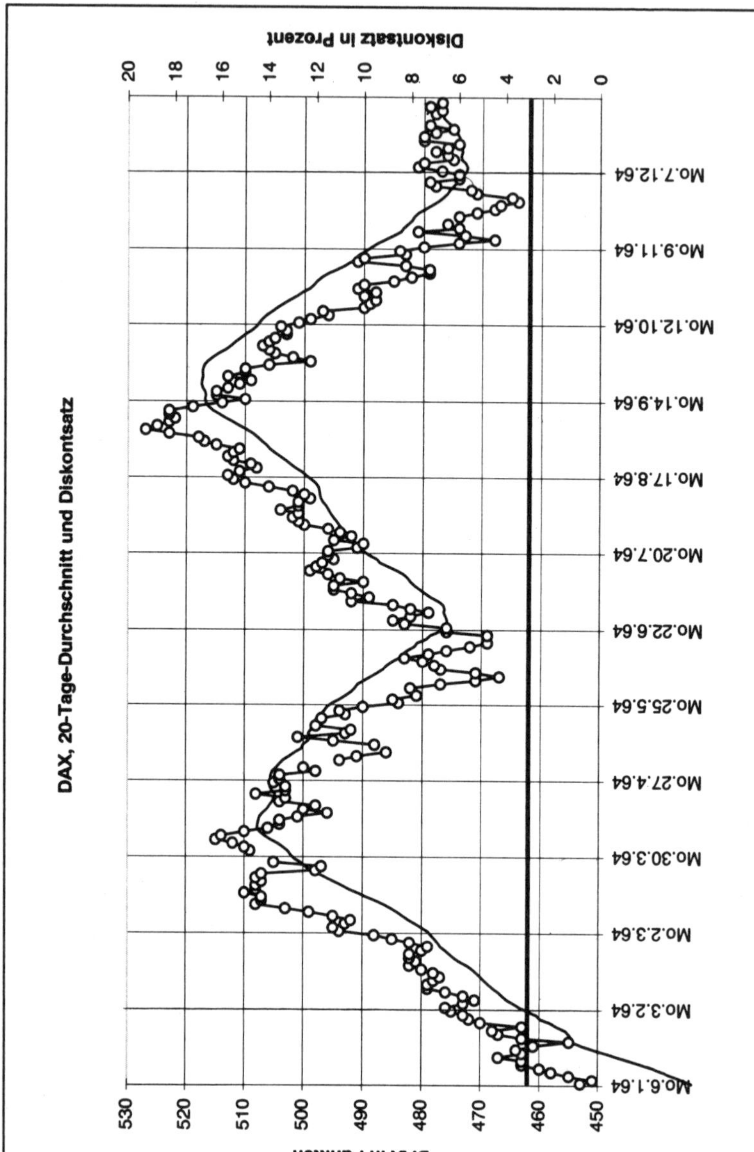
DAX, 20-Tage-Durchschnitt und Diskontsatz
DAX in Punkten
Diskontsatz in Prozent
530
520
510
500
490
480
470
460
450
20
18
16
14
12
10
8
6
4
2
0
Mo.6.1.64
Mo.3.2.64
Mo.2.3.64
Mo.30.3.64
Mo.27.4.64
Mo.25.5.64
Mo.22.6.64
Mo.20.7.64
Mo.17.8.64
Mo.14.9.64
Mo.12.10.64
Mo.9.11.64
Mo.7.12.64

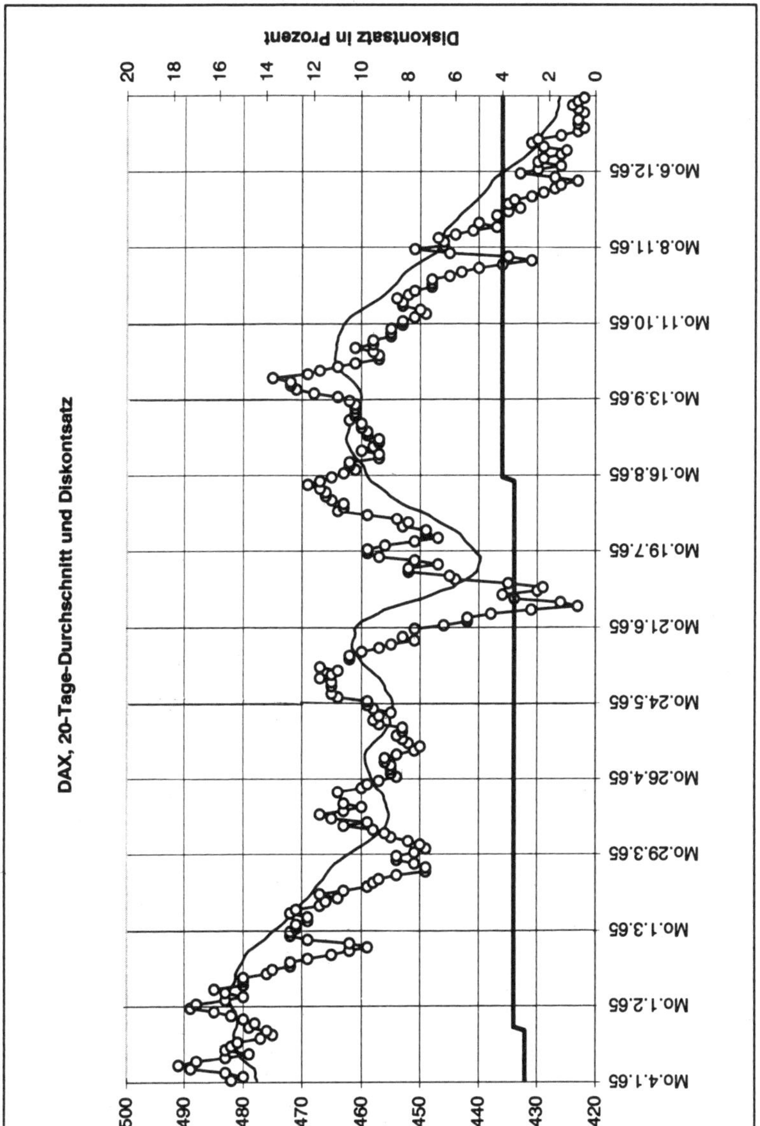
DAX, 20-Tage-Durchschnitt und Diskontsatz
Diskontsatz in Prozent
DAX in Punkten
20
18
16
14
12
10
8
6
4
2
0
500
490
480
470
460
450
440
430
420
Mo.4.1.65
Mo.1.2.65
Mo.1.3.65
Mo.29.3.65
Mo.26.4.65
Mo.24.5.65
Mo.21.6.65
Mo.19.7.65
Mo.16.8.65
Mo.13.9.65
Mo.11.10.65
Mo.8.11.65
Mo.6.12.65

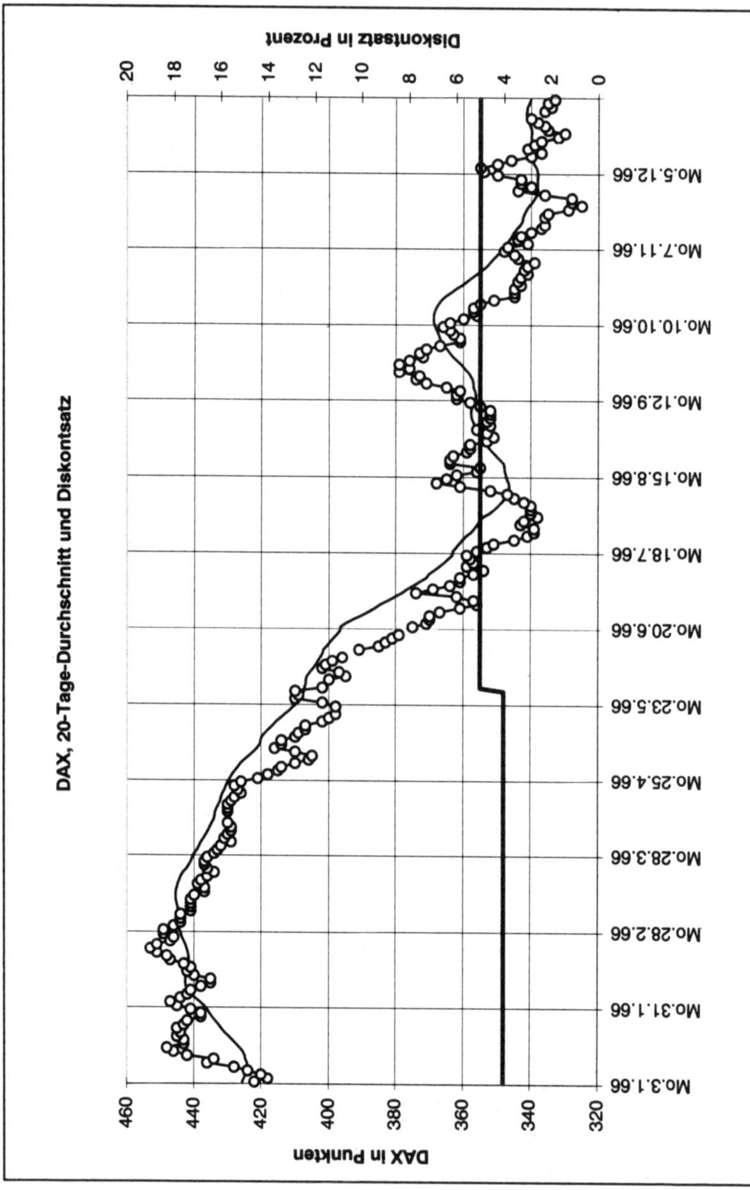

DAX, 20-Tage-Durchschnitt und Diskontsatz
Diskontsatz in Prozent
20
18
16
14
12
10
8
6
4
2
0
DAX in Punkten
460
440
420
400
380
360
340
320
Mo.3.1.66
Mo.31.1.66
Mo.28.2.66
Mo.28.3.66
Mo.25.4.66
Mo.23.5.66
Mo.20.6.66
Mo.18.7.66
Mo.15.8.66
Mo.12.9.66
Mo.10.10.66
Mo.7.11.66
Mo.5.12.66

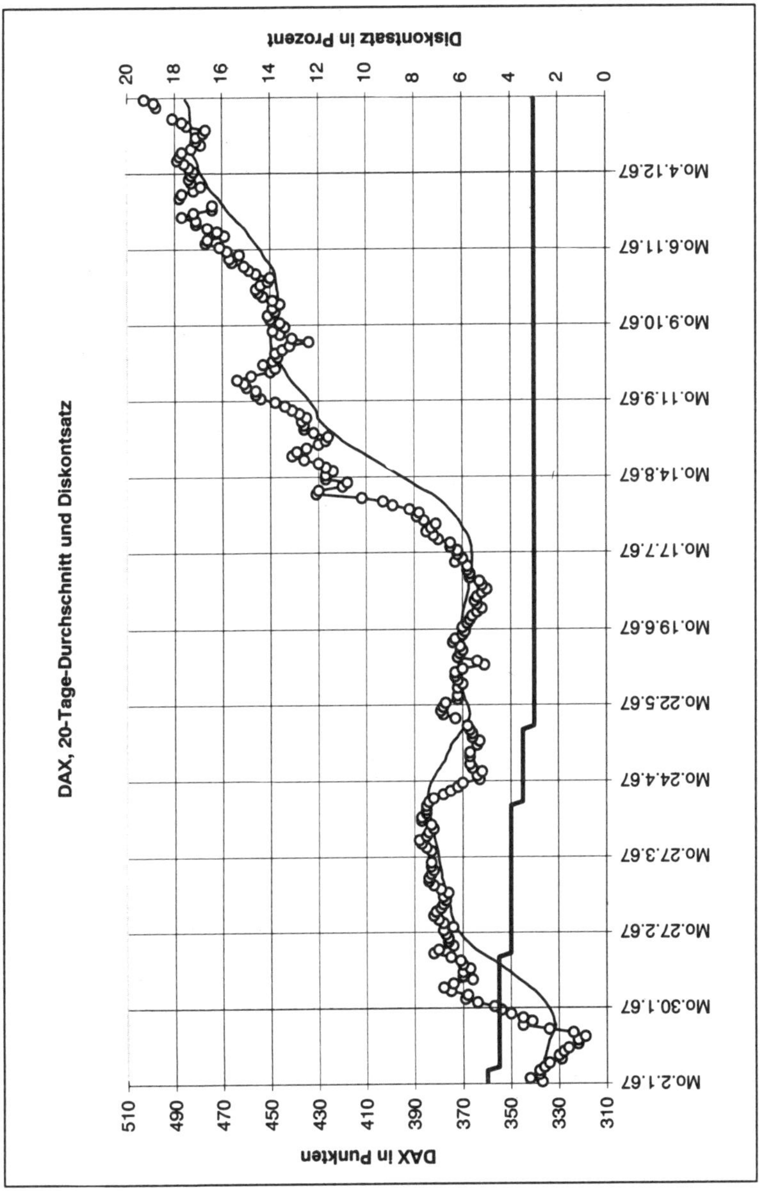
DAX, 20-Tage-Durchschnitt und Diskontsatz
Diskontsatz in Prozent
20
18
16
14
12
10
8
6
4
2
0
510
490
470
450
430
410
390
370
350
330
310
DAX in Punkten
Mo.2.1.67
Mo.30.1.67
Mo.27.2.67
Mo.27.3.67
Mo.24.4.67
Mo.22.5.67
Mo.19.6.67
Mo.17.7.67
Mo.14.8.67
Mo.11.9.67
Mo.9.10.67
Mo.6.11.67
Mo.4.12.67

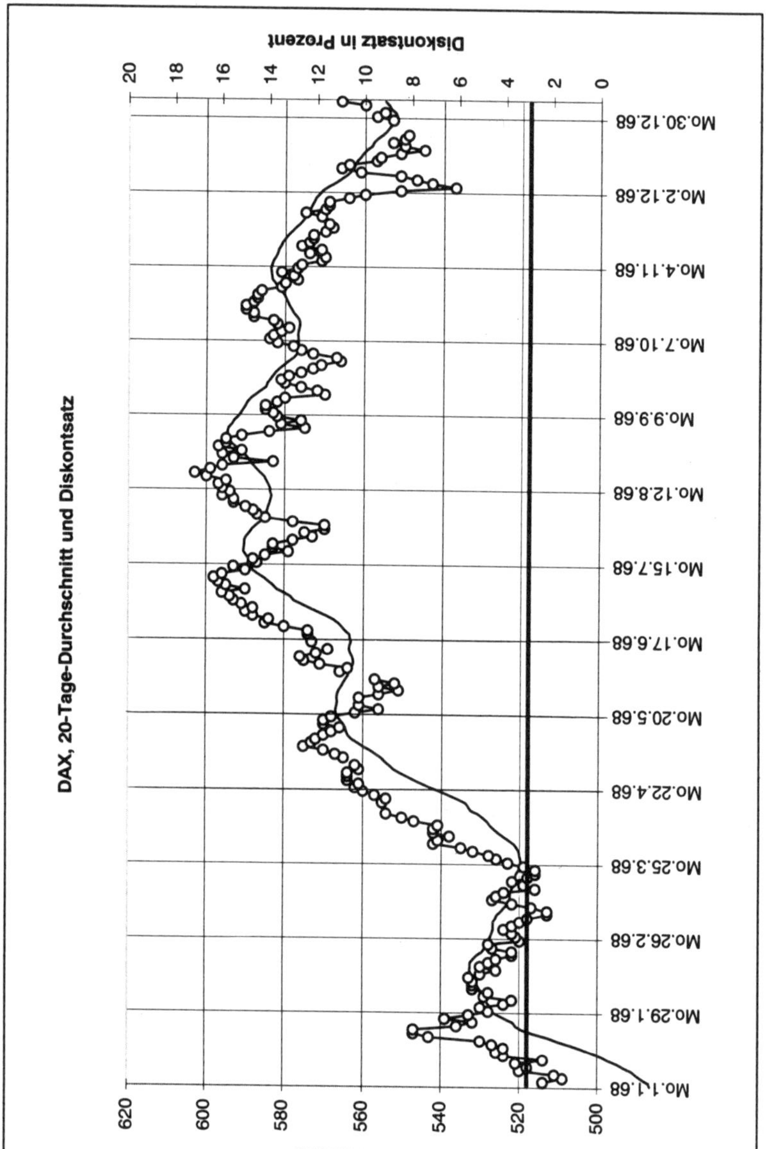
DAX, 20-Tage-Durchschnitt und Diskontsatz
DAX in Punkten
620
600
580
560
540
520
500
Diskontsatz in Prozent
20
18
16
14
12
10
8
6
4
2
0
Mo.1.1.68
Mo.29.1.68
Mo.26.2.68
Mo.25.3.68
Mo.22.4.68
Mo.20.5.68
Mo.17.6.68
Mo.15.7.68
Mo.12.8.68
Mo.9.9.68
Mo.7.10.68
Mo.4.11.68
Mo.2.12.68
Mo.30.12.68

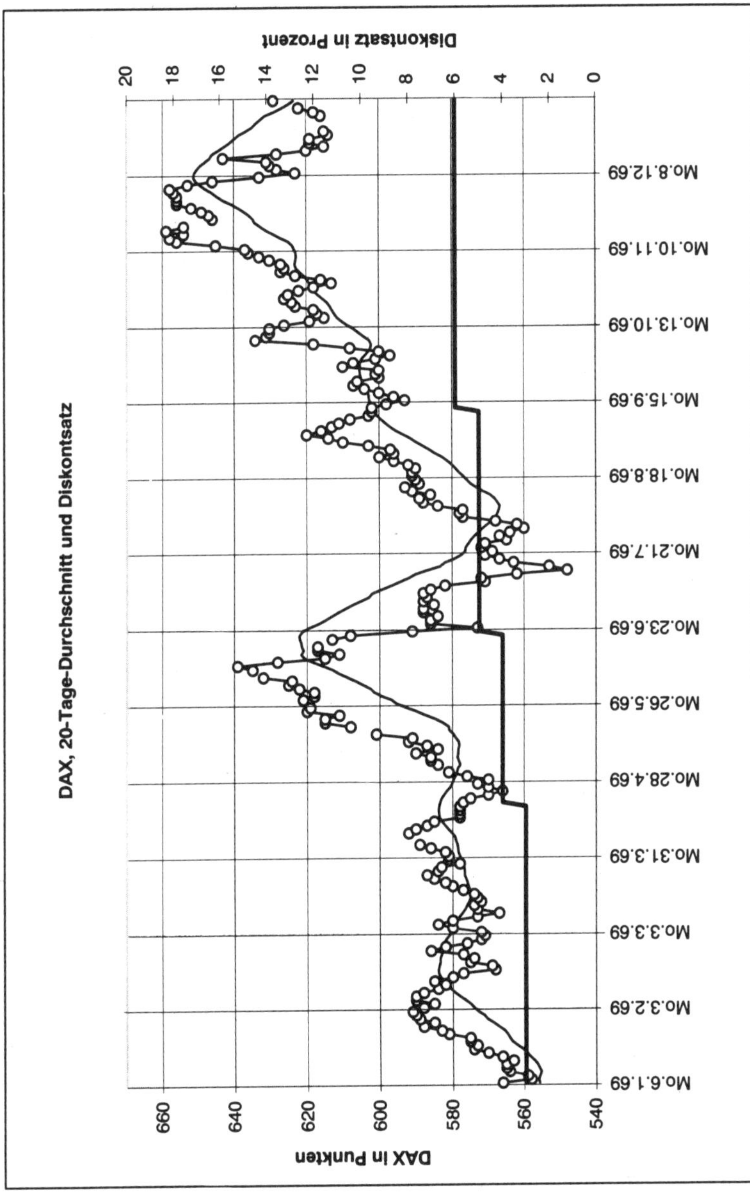
DAX, 20-Tage-Durchschnitt und Diskontsatz
Diskontsatz in Prozent
DAX in Punkten
0
2
4
6
8
10
12
14
16
18
20
540
560
580
600
620
640
660
Mo.6.1.69
Mo.3.2.69
Mo.3.3.69
Mo.31.3.69
Mo.28.4.69
Mo.26.5.69
Mo.23.6.69
Mo.21.7.69
Mo.18.8.69
Mo.15.9.69
Mo.13.10.69
Mo.10.11.69
Mo.8.12.69

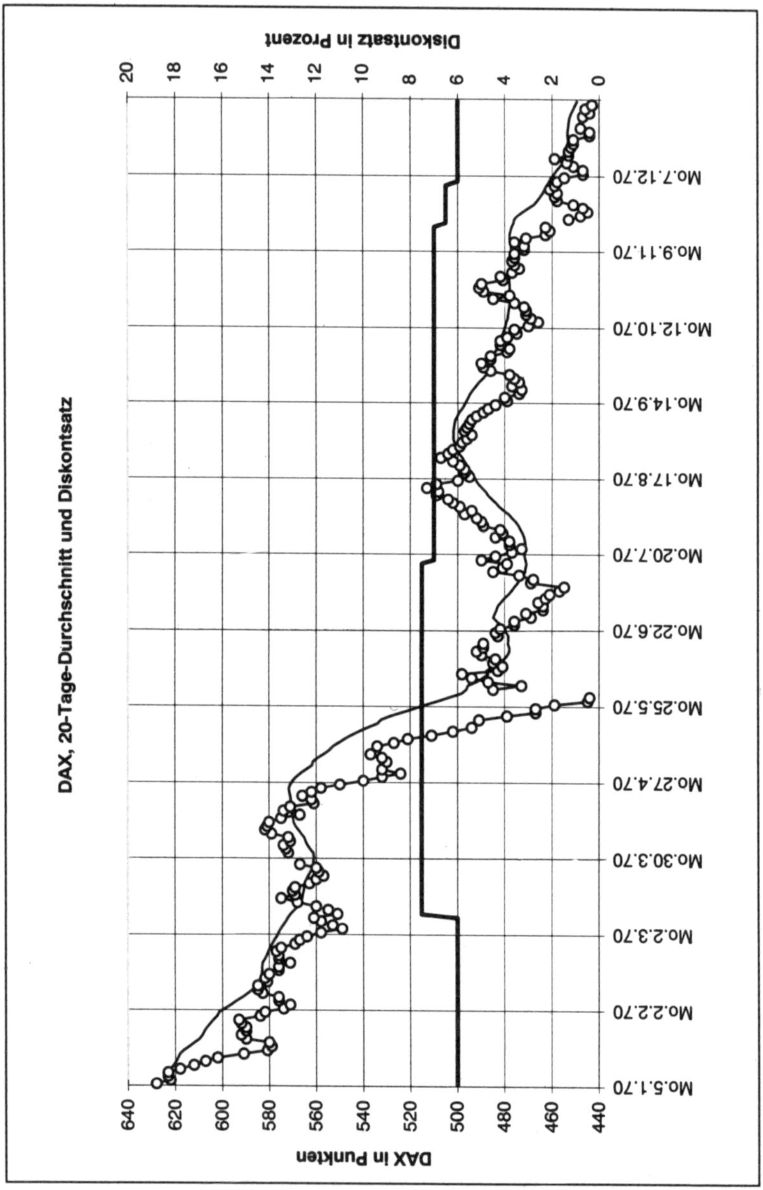

DAX, 20-Tage-Durchschnitt und Diskontsatz
DAX in Punkten
640
620
600
580
560
540
520
500
480
460
440
Diskontsatz in Prozent
20
18
16
14
12
10
8
6
4
2
0
Mo.5.1.70
Mo.2.2.70
Mo.2.3.70
Mo.30.3.70
Mo.27.4.70
Mo.25.5.70
Mo.22.6.70
Mo.20.7.70
Mo.17.8.70
Mo.14.9.70
Mo.12.10.70
Mo.9.11.70
Mo.7.12.70

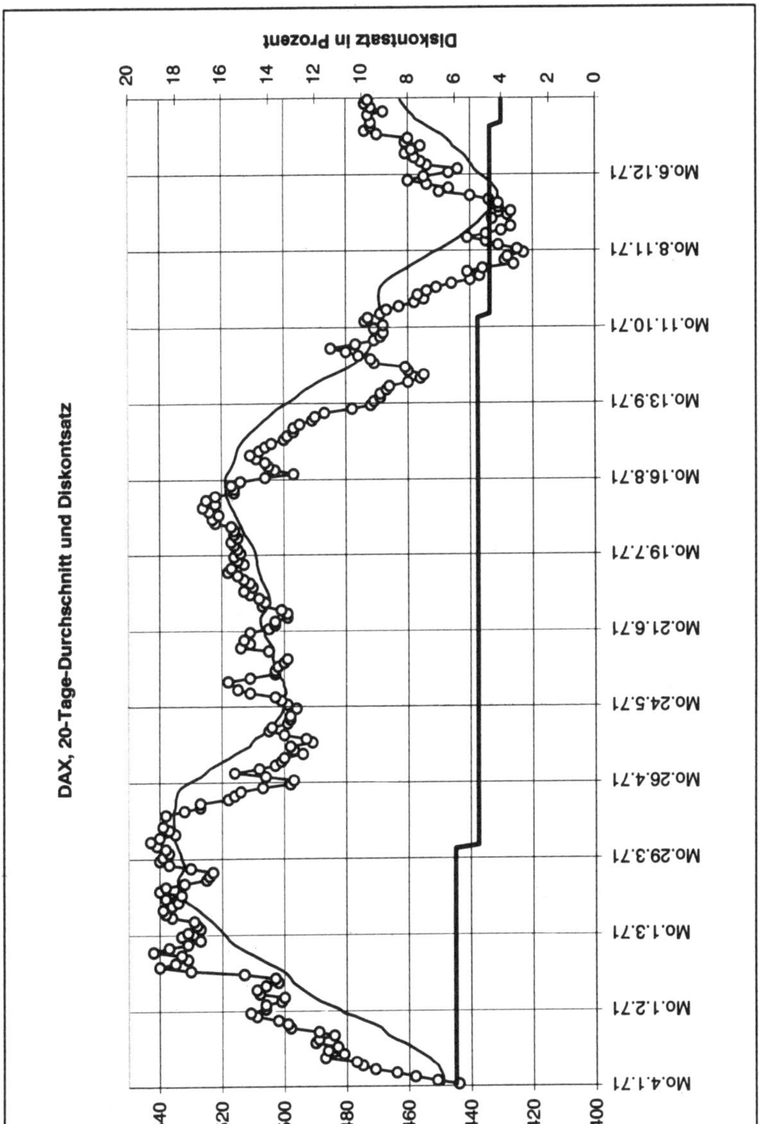
DAX, 20-Tage-Durchschnitt und Diskontsatz
Diskontsatz in Prozent
20
18
16
14
12
10
8
6
4
2
0
DAX in Punkten
540
520
500
480
460
440
420
400
Mo.4.1.71
Mo.1.2.71
Mo.1.3.71
Mo.29.3.71
Mo.26.4.71
Mo.24.5.71
Mo.21.6.71
Mo.19.7.71
Mo.16.8.71
Mo.13.9.71
Mo.11.10.71
Mo.8.11.71
Mo.6.12.71

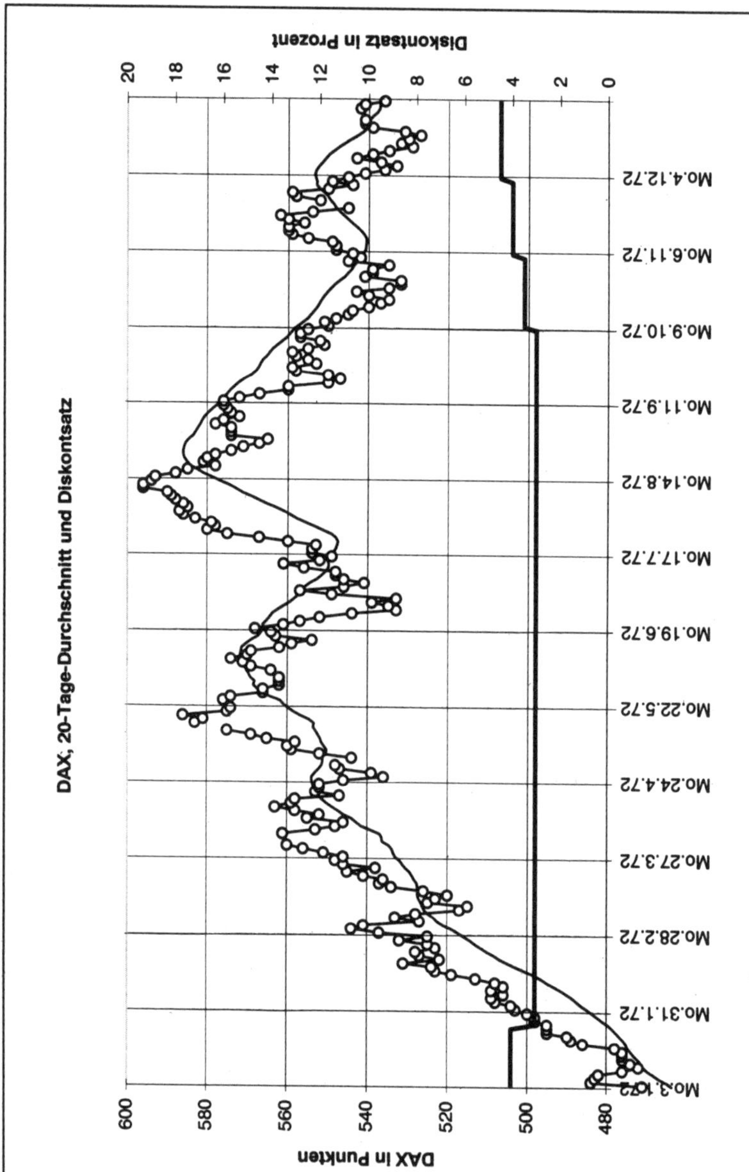
DAX, 20-Tage-Durchschnitt und Diskontsatz
Diskontsatz in Prozent
DAX in Punkten
600
580
560
540
520
500
480
20
18
16
14
12
10
8
6
4
2
0
Mo.3.1.72
Mo.31.1.72
Mo.28.2.72
Mo.27.3.72
Mo.24.4.72
Mo.22.5.72
Mo.19.6.72
Mo.17.7.72
Mo.14.8.72
Mo.11.9.72
Mo.9.10.72
Mo.6.11.72
Mo.4.12.72

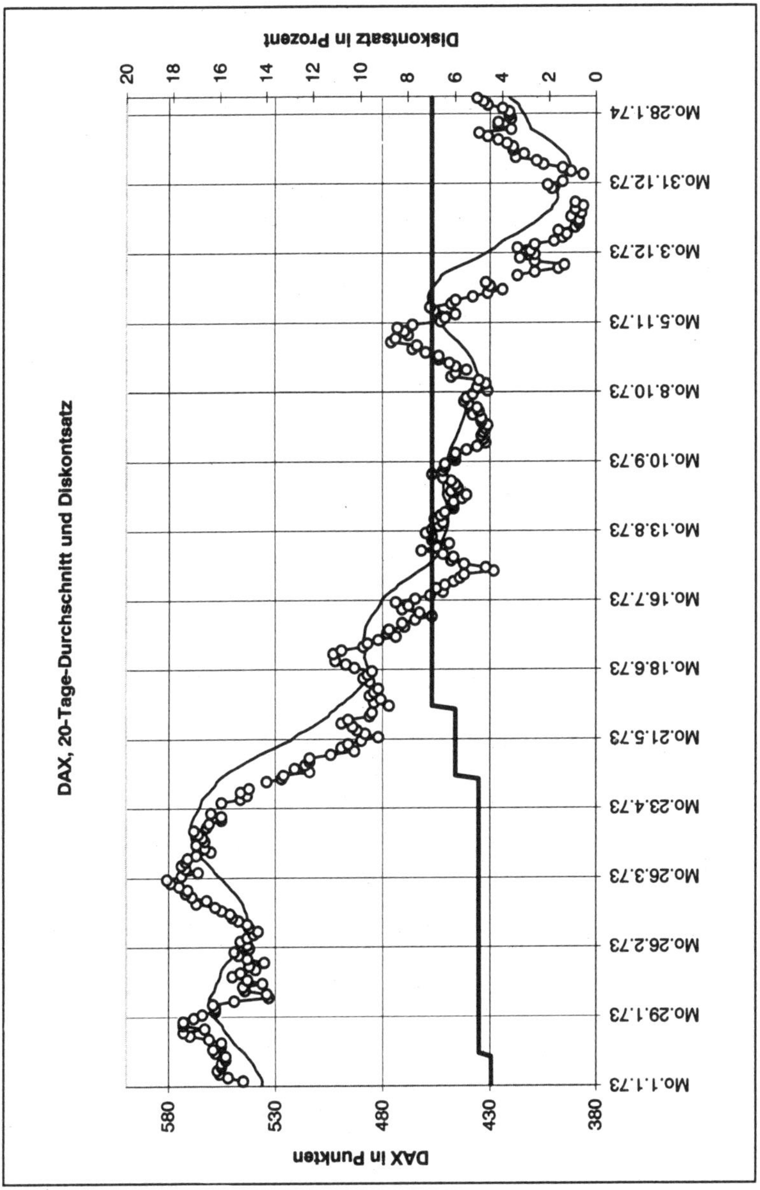
DAX, 20-Tage-Durchschnitt und Diskontsatz
Diskontsatz in Prozent
20
18
16
14
12
10
8
6
4
2
0
DAX in Punkten
580
530
480
430
380
Mo.1.1.73
Mo.29.1.73
Mo.26.2.73
Mo.26.3.73
Mo.23.4.73
Mo.21.5.73
Mo.18.6.73
Mo.16.7.73
Mo.13.8.73
Mo.10.9.73
Mo.8.10.73
Mo.5.11.73
Mo.3.12.73
Mo.31.12.73
Mo.28.1.74

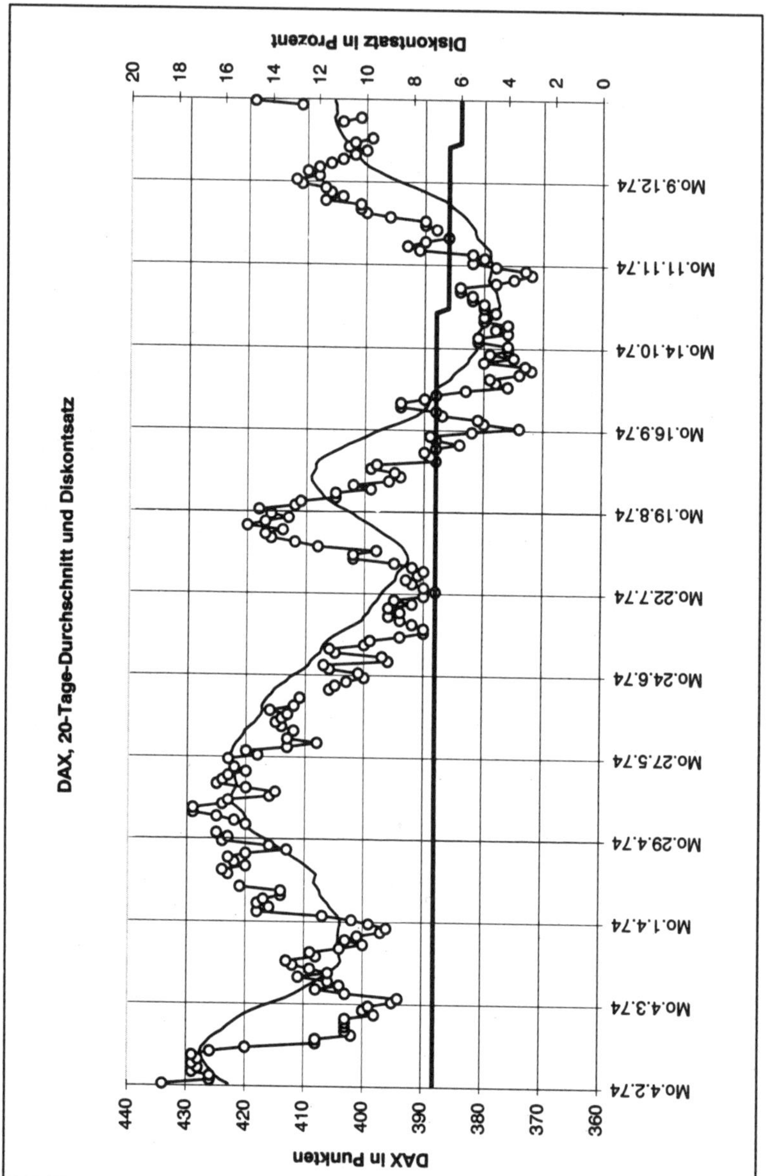
DAX, 20-Tage-Durchschnitt und Diskontsatz
Diskontsatz in Prozent
20
18
16
14
12
10
8
6
4
2
0
DAX in Punkten
440
430
420
410
400
390
380
370
360
Mo.4.2.74
Mo.4.3.74
Mo.1.4.74
Mo.29.4.74
Mo.27.5.74
Mo.24.6.74
Mo.22.7.74
Mo.19.8.74
Mo.16.9.74
Mo.14.10.74
Mo.11.11.74
Mo.9.12.74

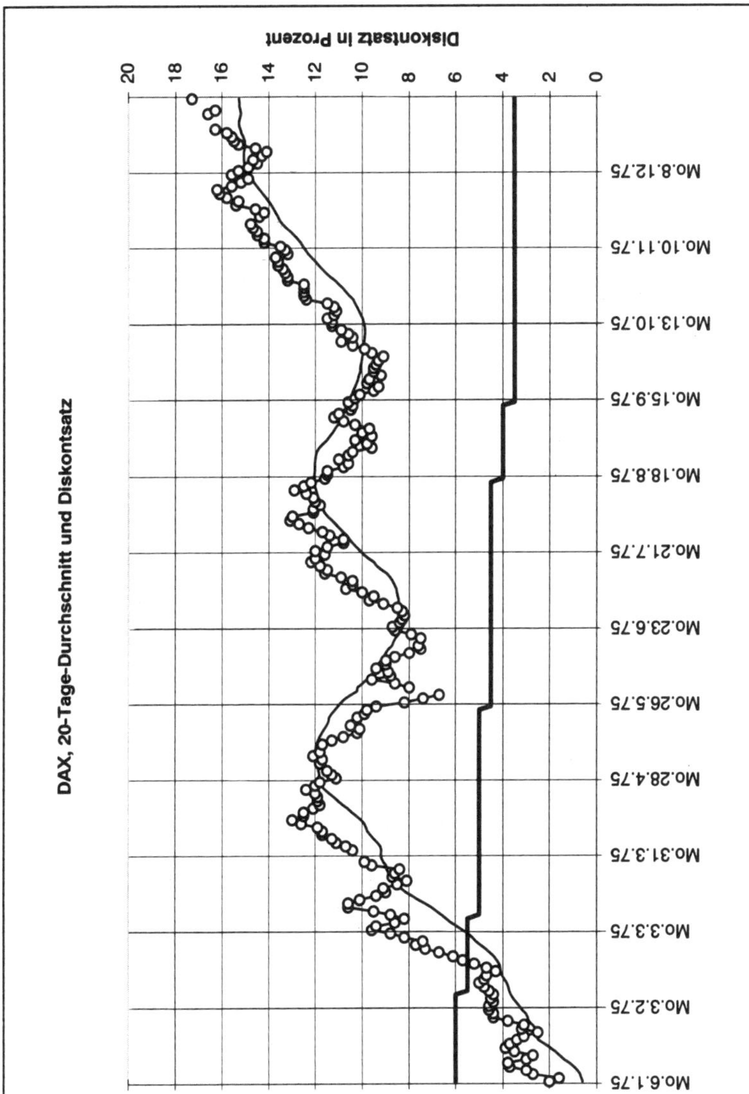
DAX, 20-Tage-Durchschnitt und Diskontsatz
Diskontsatz in Prozent
20
18
16
14
12
10
8
6
4
2
0
DAX in Punkten
600
580
560
540
520
500
480
460
440
420
400
Mo.6.1.75
Mo.3.2.75
Mo.3.3.75
Mo.31.3.75
Mo.28.4.75
Mo.26.5.75
Mo.23.6.75
Mo.21.7.75
Mo.18.8.75
Mo.15.9.75
Mo.13.10.75
Mo.10.11.75
Mo.8.12.75

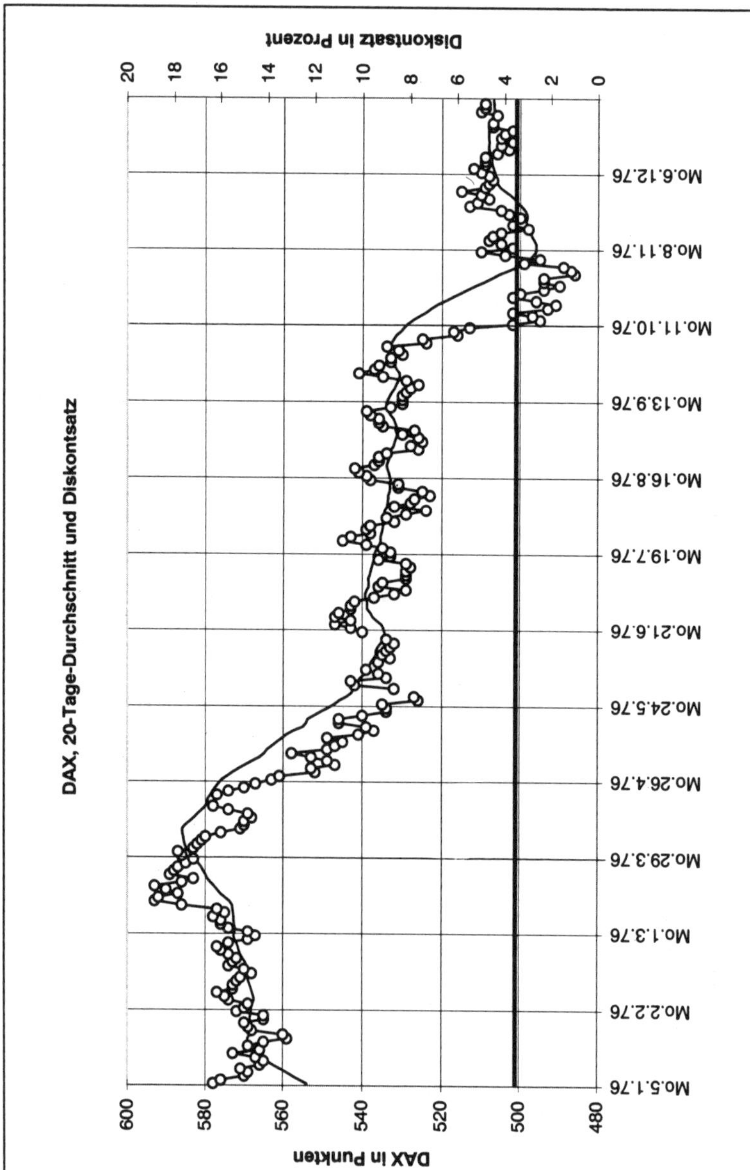
DAX, 20-Tage-Durchschnitt und Diskontsatz
DAX in Punkten
600
580
560
540
520
500
480
Diskontsatz in Prozent
20
18
16
14
12
10
8
6
4
2
0
Mo.5.1.76
Mo.2.2.76
Mo.1.3.76
Mo.29.3.76
Mo.26.4.76
Mo.24.5.76
Mo.21.6.76
Mo.19.7.76
Mo.16.8.76
Mo.13.9.76
Mo.11.10.76
Mo.8.11.76
Mo.6.12.76

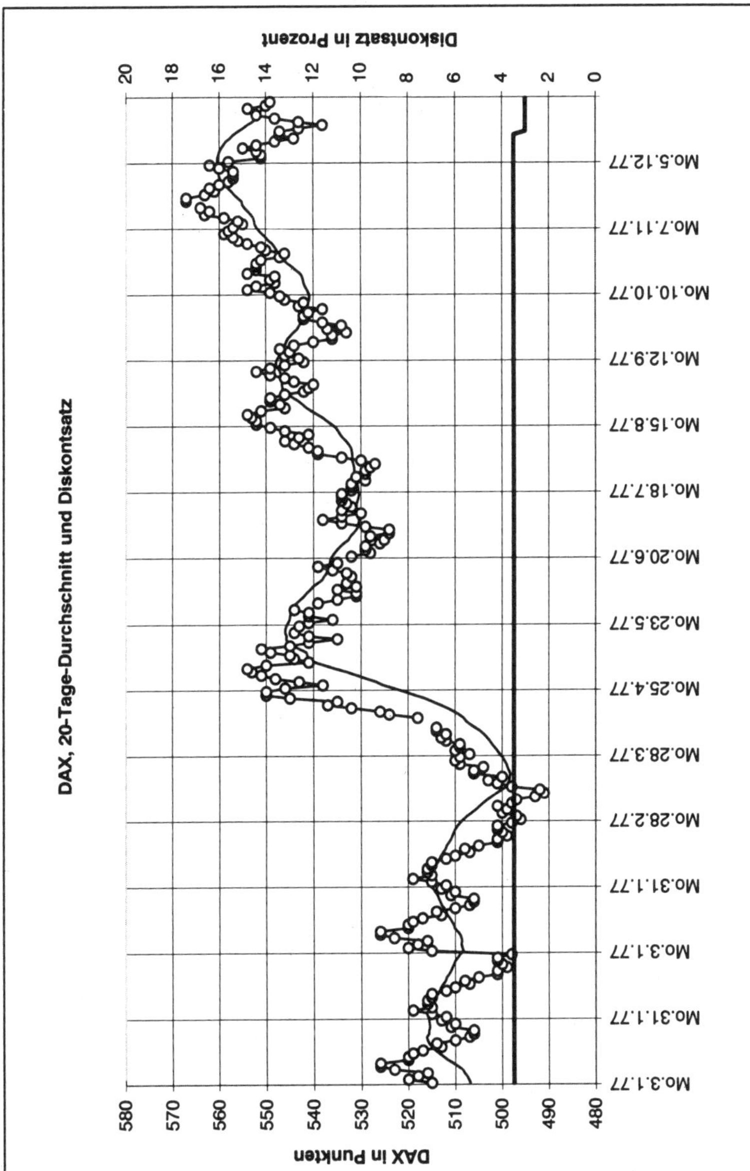
DAX, 20-Tage-Durchschnitt und Diskontsatz
Diskontsatz in Prozent
20
18
16
14
12
10
8
6
4
2
0
DAX in Punkten
580
570
560
550
540
530
520
510
500
490
480
Mo.3.1.77
Mo.31.1.77
Mo.3.1.77
Mo.31.1.77
Mo.28.2.77
Mo.28.3.77
Mo.25.4.77
Mo.23.5.77
Mo.20.6.77
Mo.18.7.77
Mo.15.8.77
Mo.12.9.77
Mo.10.10.77
Mo.7.11.77
Mo.5.12.77

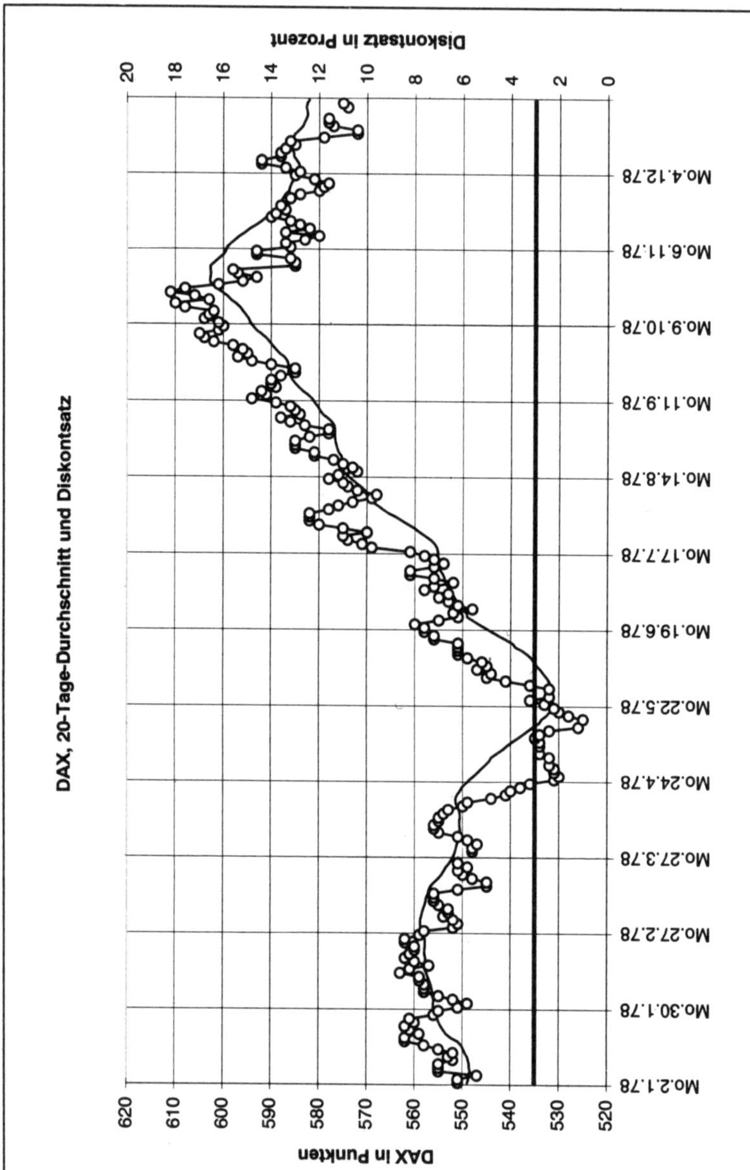
DAX, 20-Tage-Durchschnitt und Diskontsatz
Diskontsatz in Prozent
20
18
16
14
12
10
8
6
4
2
0
DAX in Punkten
620
610
600
590
580
570
560
550
540
530
520
Mo.2.1.78
Mo.30.1.78
Mo.27.2.78
Mo.27.3.78
Mo.24.4.78
Mo.22.5.78
Mo.19.6.78
Mo.17.7.78
Mo.14.8.78
Mo.11.9.78
Mo.9.10.78
Mo.6.11.78
Mo.4.12.78

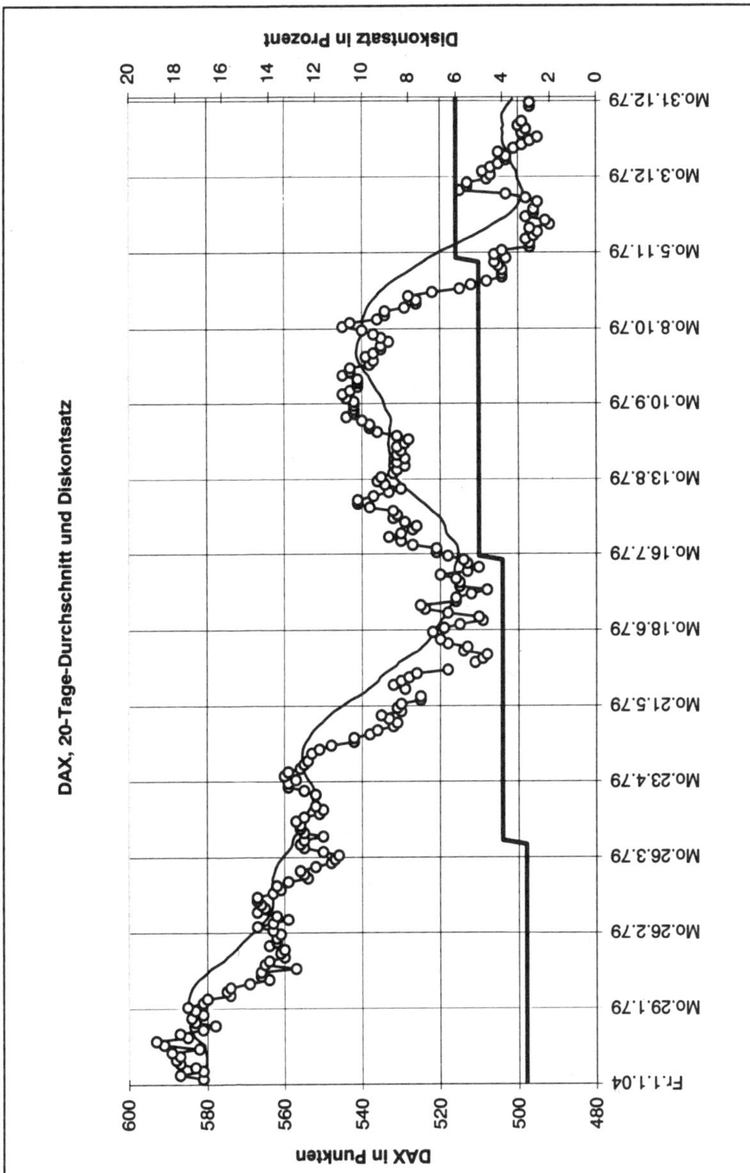
DAX, 20-Tage-Durchschnitt und Diskontsatz
Diskontsatz in Prozent
20
18
16
14
12
10
8
6
4
2
0
Fr.1.1.04
Mo.29.1.79
Mo.26.2.79
Mo.26.3.79
Mo.23.4.79
Mo.21.5.79
Mo.18.6.79
Mo.16.7.79
Mo.13.8.79
Mo.10.9.79
Mo.8.10.79
Mo.5.11.79
Mo.3.12.79
Mo.31.12.79
600
580
560
540
520
500
480
DAX in Punkten

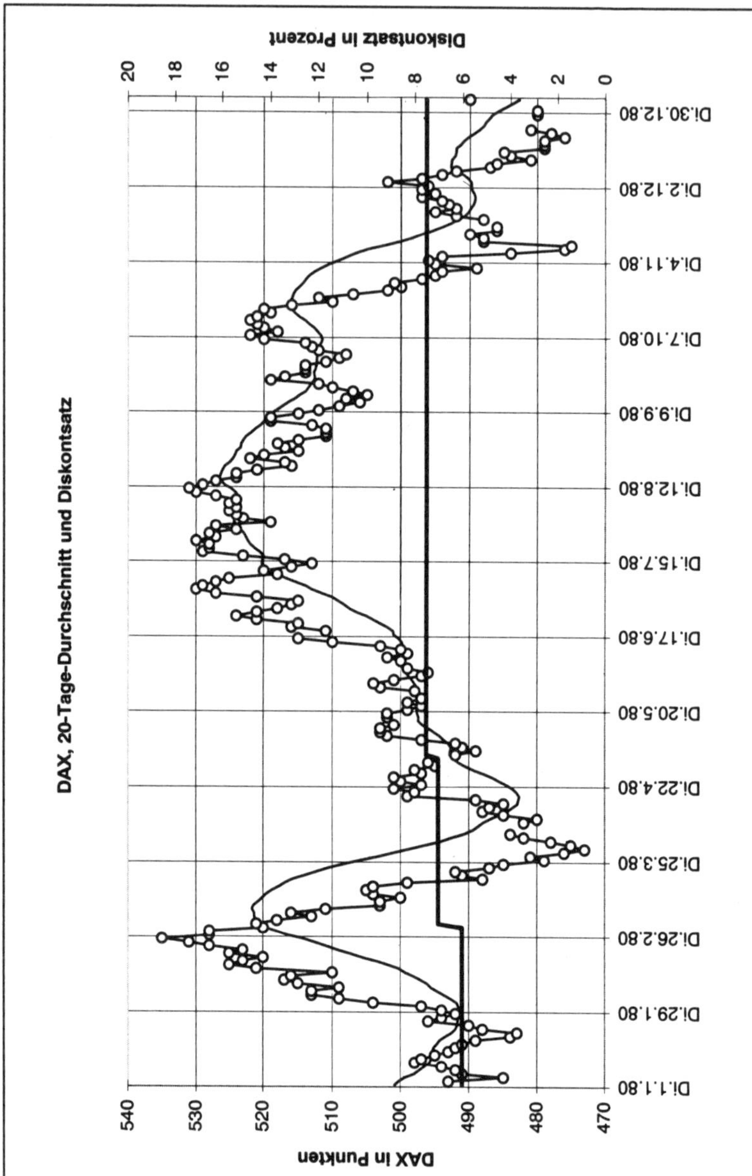
DAX, 20-Tage-Durchschnitt und Diskontsatz
DAX in Punkten
Diskontsatz in Prozent
540
530
520
510
500
490
480
470
20
18
16
14
12
10
8
6
4
2
0
Di.1.1.80
Di.29.1.80
Di.26.2.80
Di.25.3.80
Di.22.4.80
Di.20.5.80
Di.17.6.80
Di.15.7.80
Di.12.8.80
Di.9.9.80
Di.7.10.80
Di.4.11.80
Di.2.12.80
Di.30.12.80

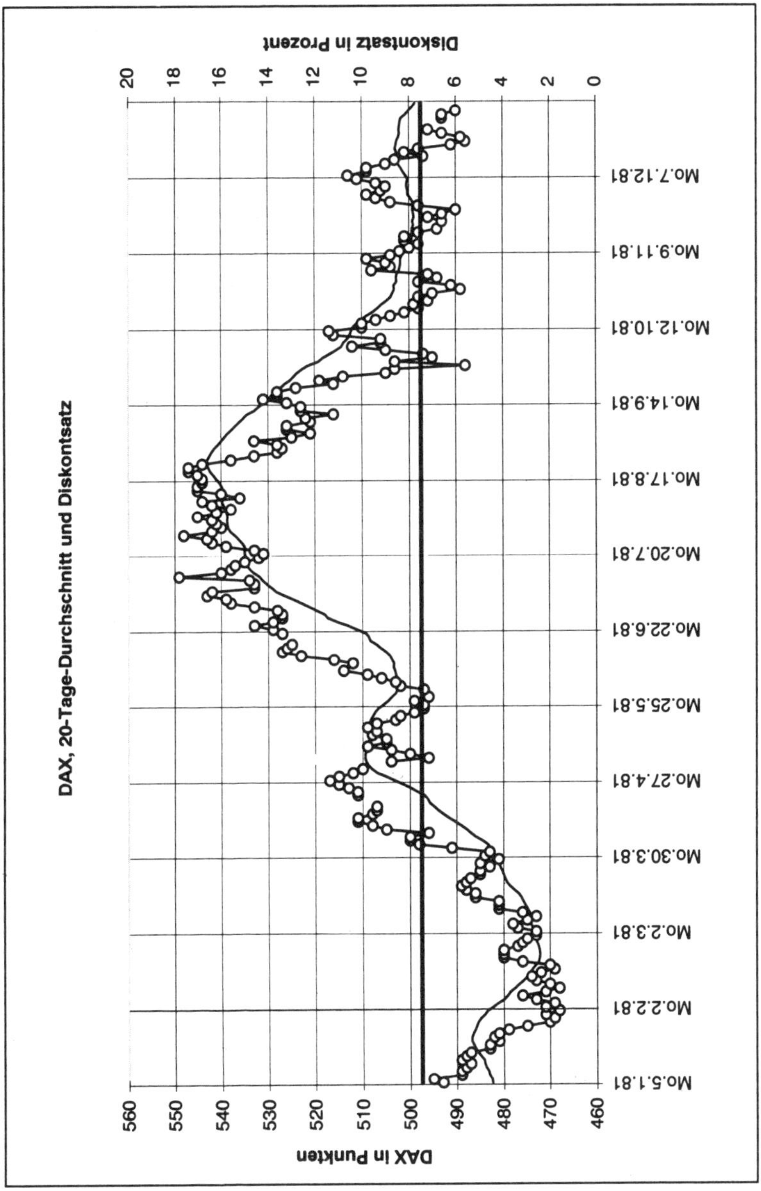
DAX, 20-Tage-Durchschnitt und Diskontsatz
DAX in Punkten
Diskontsatz in Prozent
560
550
540
530
520
510
500
490
480
470
460
20
18
16
14
12
10
8
6
4
2
0
Mo.5.1.81
Mo.2.2.81
Mo.2.3.81
Mo.30.3.81
Mo.27.4.81
Mo.25.5.81
Mo.22.6.81
Mo.20.7.81
Mo.17.8.81
Mo.14.9.81
Mo.12.10.81
Mo.9.11.81
Mo.7.12.81

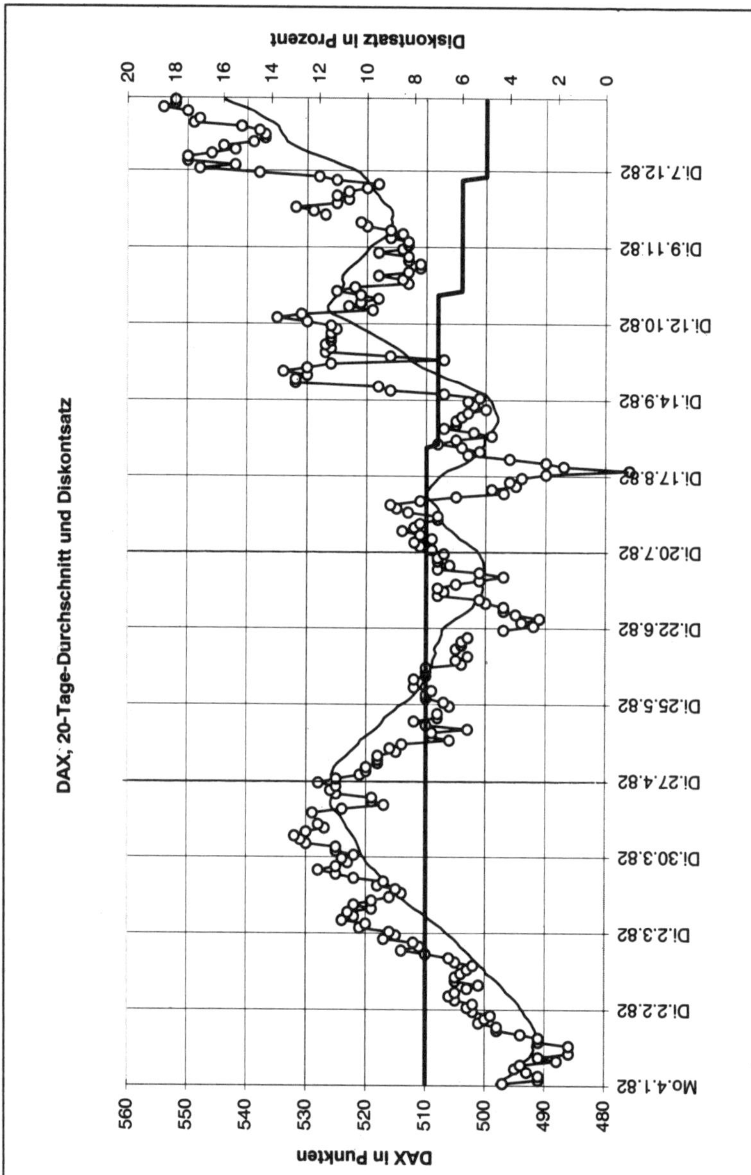
DAX, 20-Tage-Durchschnitt und Diskontsatz
DAX in Punkten
Diskontsatz in Prozent
560
550
540
530
520
510
500
490
480
20
18
16
14
12
10
8
6
4
2
0
Mo.4.1.82
Di.2.2.82
Di.2.3.82
Di.30.3.82
Di.27.4.82
Di.25.5.82
Di.22.6.82
Di.20.7.82
Di.17.8.82
Di.14.9.82
Di.12.10.82
Di.9.11.82
Di.7.12.82

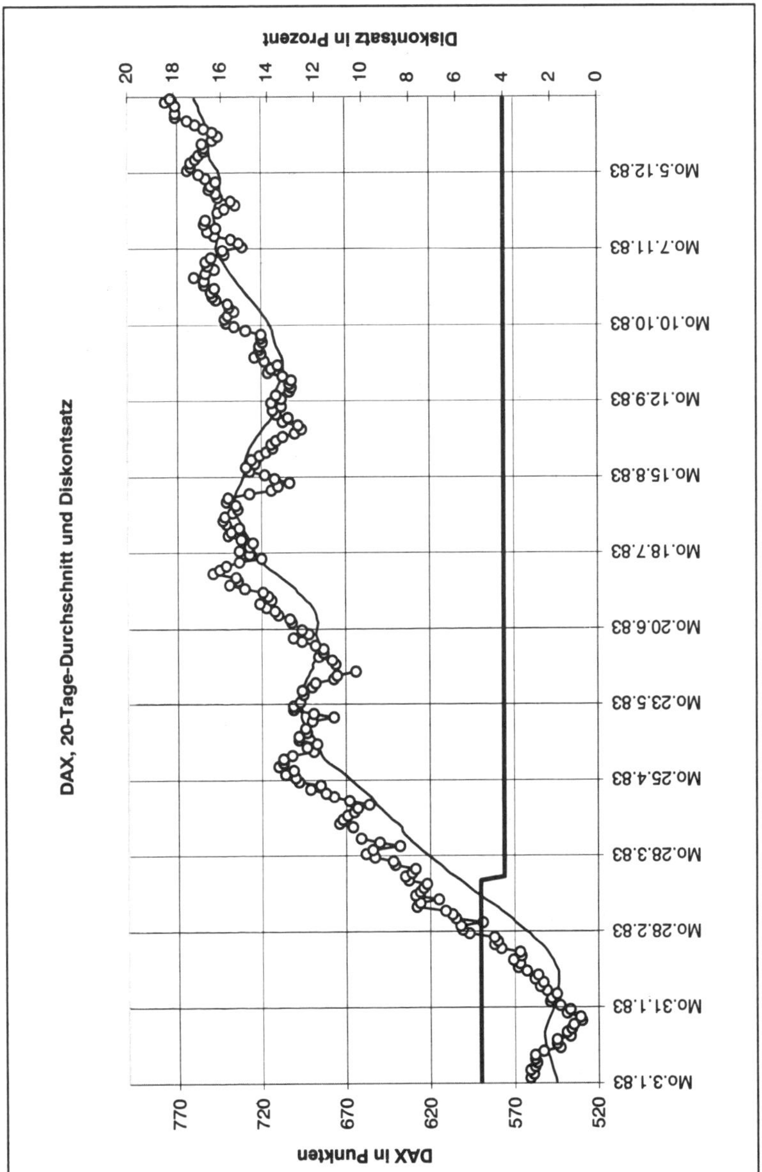
DAX, 20-Tage-Durchschnitt und Diskontsatz
Diskontsatz in Prozent
20
18
16
14
12
10
8
6
4
2
0
DAX in Punkten
770
720
670
620
570
520
Mo.3.1.83
Mo.31.1.83
Mo.28.2.83
Mo.28.3.83
Mo.25.4.83
Mo.23.5.83
Mo.20.6.83
Mo.18.7.83
Mo.15.8.83
Mo.12.9.83
Mo.10.10.83
Mo.7.11.83
Mo.5.12.83

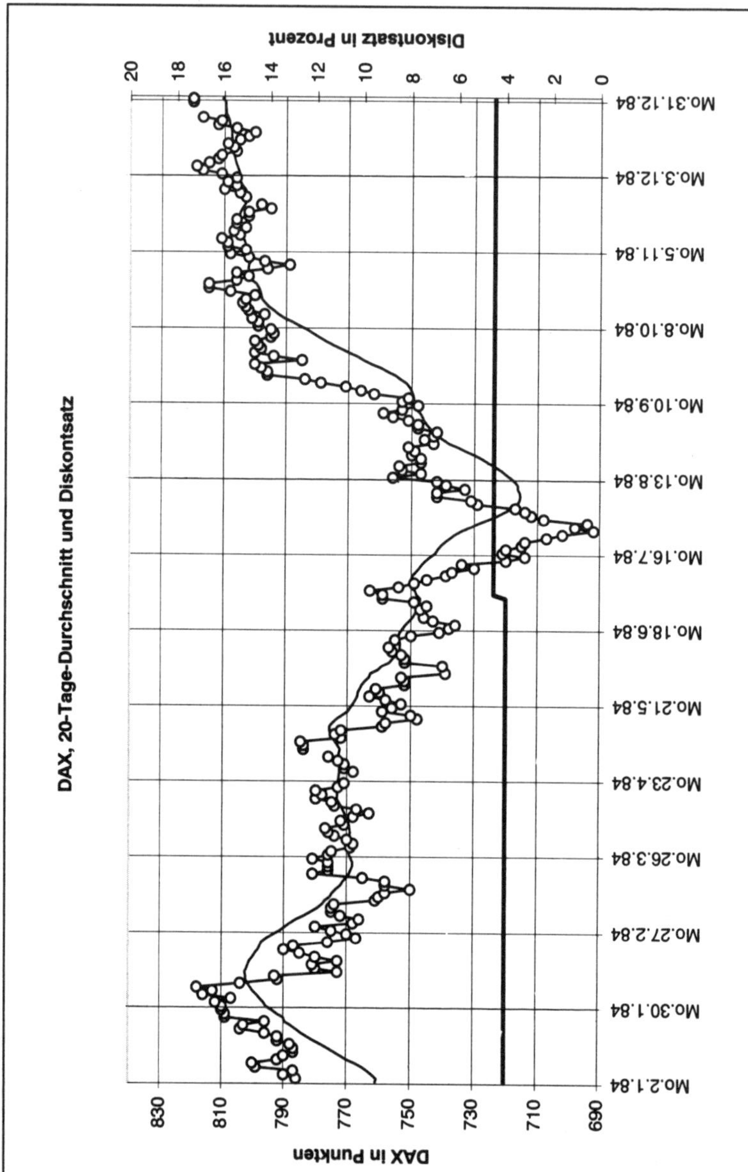
DAX, 20-Tage-Durchschnitt und Diskontsatz
Diskontsatz in Prozent
20 18 16 14 12 10 8 6 4 2 0
DAX in Punkten
830 810 790 770 750 730 710 690
Mo.2.1.84
Mo.30.1.84
Mo.27.2.84
Mo.26.3.84
Mo.23.4.84
Mo.21.5.84
Mo.18.6.84
Mo.16.7.84
Mo.13.8.84
Mo.10.9.84
Mo.8.10.84
Mo.5.11.84
Mo.3.12.84
Mo.31.12.84

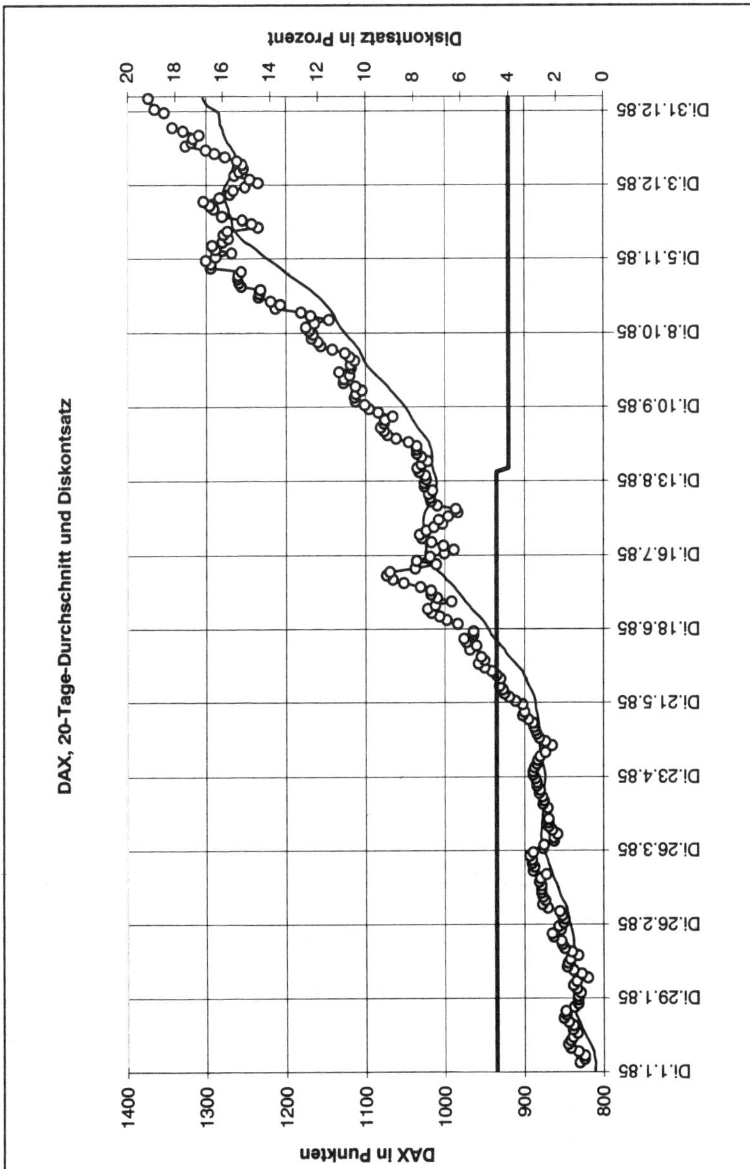
DAX, 20-Tage-Durchschnitt und Diskontsatz
Diskontsatz in Prozent
20
18
16
14
12
10
8
6
4
2
0
DAX in Punkten
1400
1300
1200
1100
1000
900
800
Di.1.1.85
Di.29.1.85
Di.26.2.85
Di.26.3.85
Di.23.4.85
Di.21.5.85
Di.18.6.85
Di.16.7.85
Di.13.8.85
Di.10.9.85
Di.8.10.85
Di.5.11.85
Di.3.12.85
Di.31.12.85

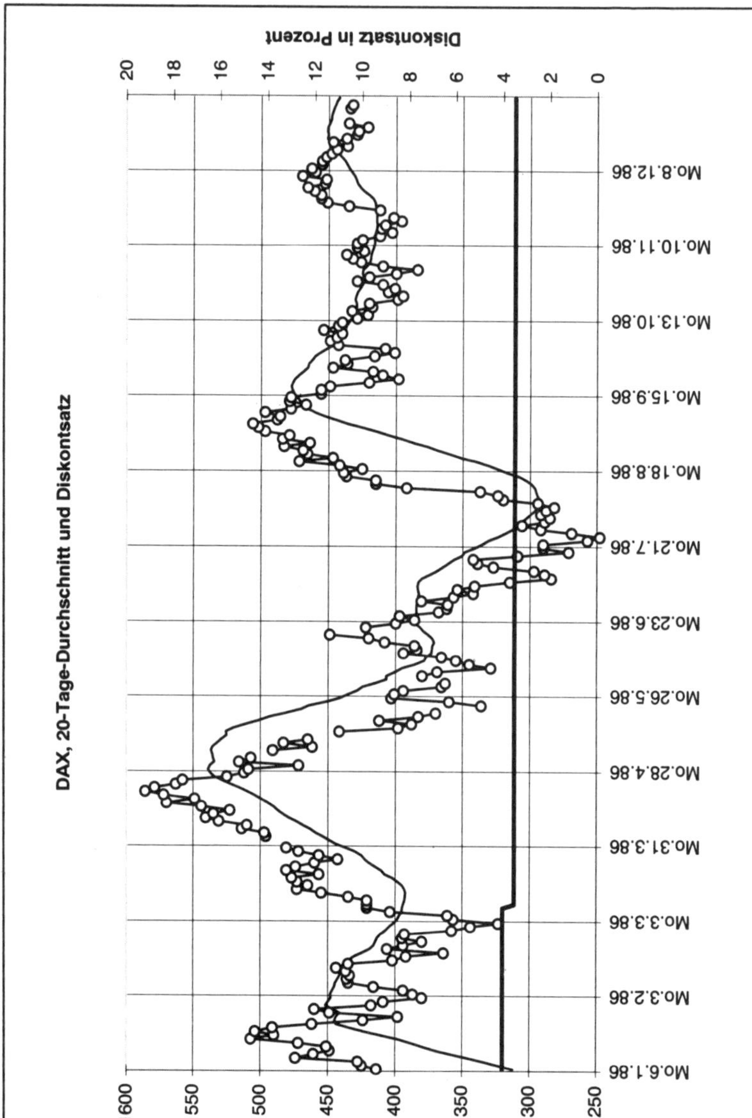
DAX, 20-Tage-Durchschnitt und Diskontsatz
Diskontsatz in Prozent
20
18
16
14
12
10
8
6
4
2
0
DAX in Punkten
1600
1550
1500
1450
1400
1350
1300
1250
Mo.6.1.86
Mo.3.2.86
Mo.3.3.86
Mo.31.3.86
Mo.28.4.86
Mo.26.5.86
Mo.23.6.86
Mo.21.7.86
Mo.18.8.86
Mo.15.9.86
Mo.13.10.86
Mo.10.11.86
Mo.8.12.86

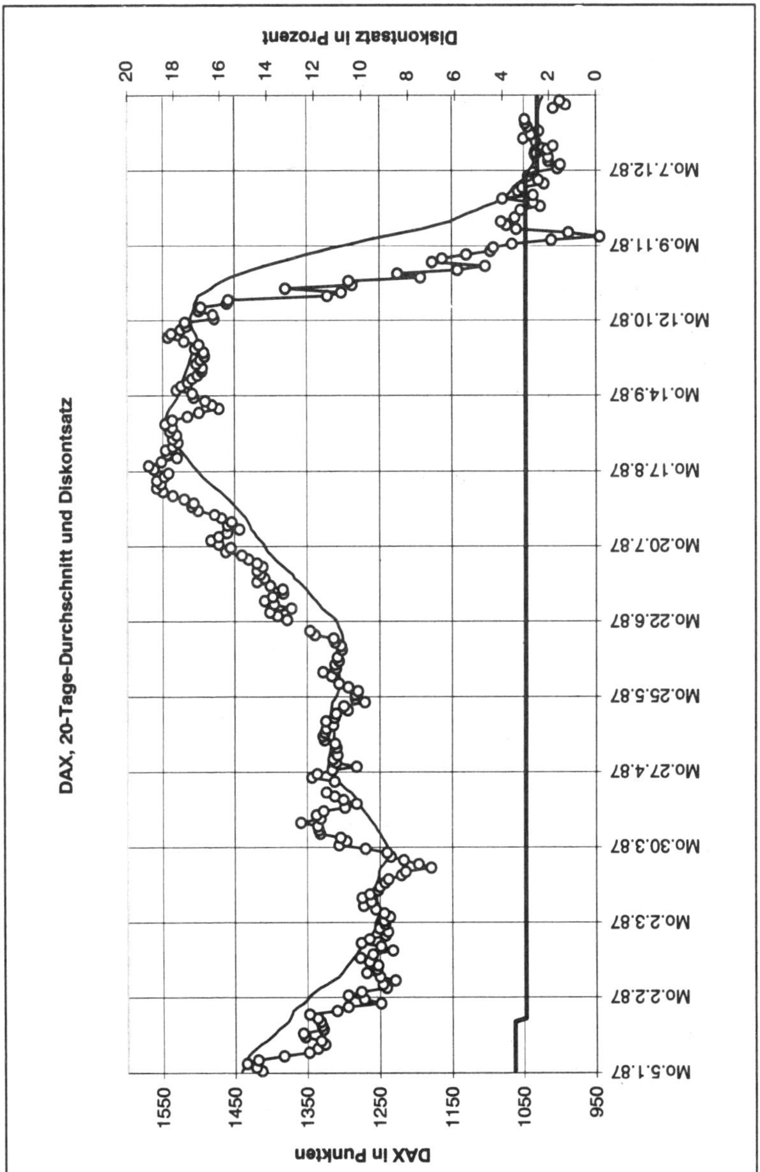
DAX, 20-Tage-Durchschnitt und Diskontsatz
DAX in Punkten
Diskontsatz in Prozent
1550
1450
1350
1250
1150
1050
950
20
18
16
14
12
10
8
6
4
2
0
Mo.5.1.87
Mo.2.2.87
Mo.2.3.87
Mo.30.3.87
Mo.27.4.87
Mo.25.5.87
Mo.22.6.87
Mo.20.7.87
Mo.17.8.87
Mo.14.9.87
Mo.12.10.87
Mo.9.11.87
Mo.7.12.87

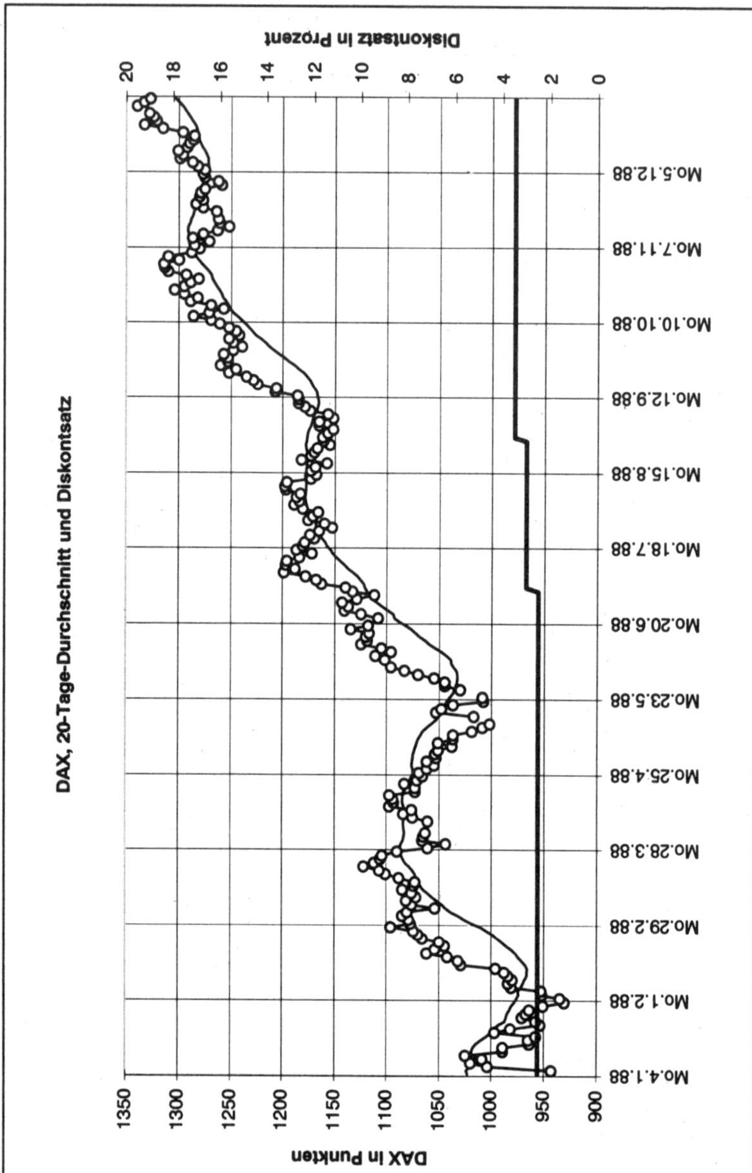
DAX, 20-Tage-Durchschnitt und Diskontsatz
Diskontsatz in Prozent
DAX in Punkten
20
18
16
14
12
10
8
6
4
2
0
1350
1300
1250
1200
1150
1100
1050
1000
950
900
Mo.4.1.88
Mo.1.2.88
Mo.29.2.88
Mo.28.3.88
Mo.25.4.88
Mo.23.5.88
Mo.20.6.88
Mo.18.7.88
Mo.15.8.88
Mo.12.9.88
Mo.10.10.88
Mo.7.11.88
Mo.5.12.88

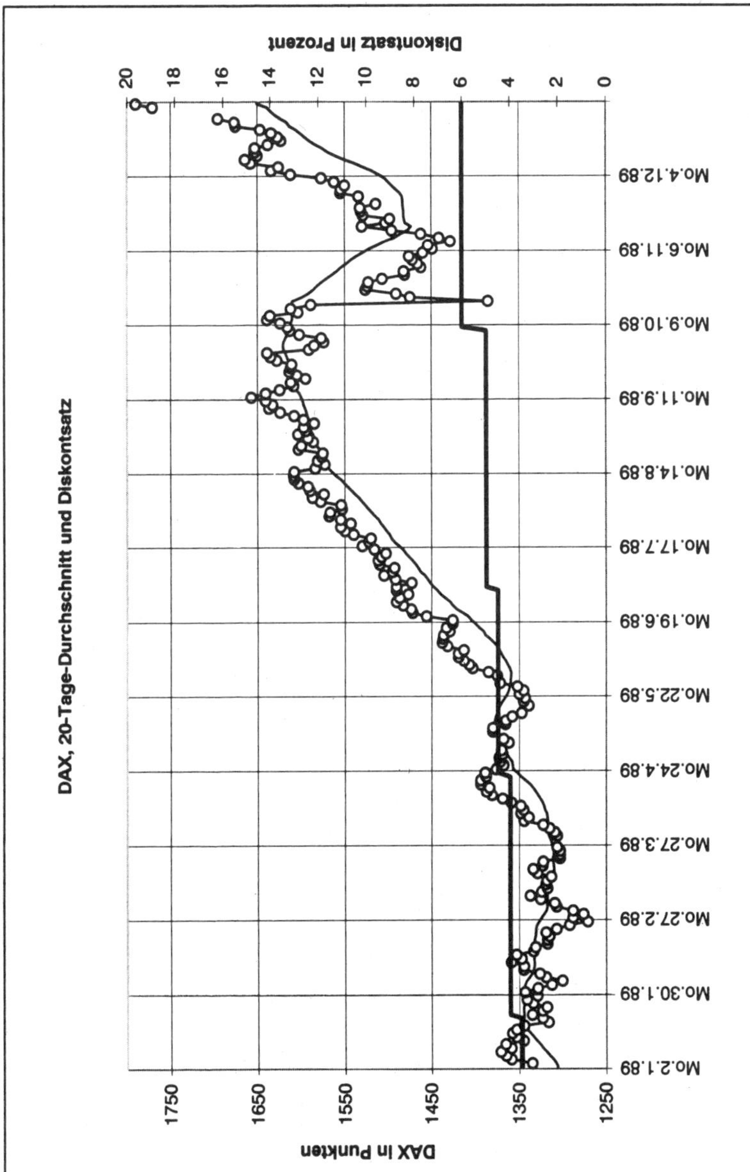

DAX, 20-Tage-Durchschnitt und Diskontsatz
Diskontsatz in Prozent
20
18
16
14
12
10
8
6
4
2
0
DAX in Punkten
1750
1650
1550
1450
1350
1250
Mo.2.1.89
Mo.30.1.89
Mo.27.2.89
Mo.27.3.89
Mo.24.4.89
Mo.22.5.89
Mo.19.6.89
Mo.17.7.89
Mo.14.8.89
Mo.11.9.89
Mo.9.10.89
Mo.6.11.89
Mo.4.12.89

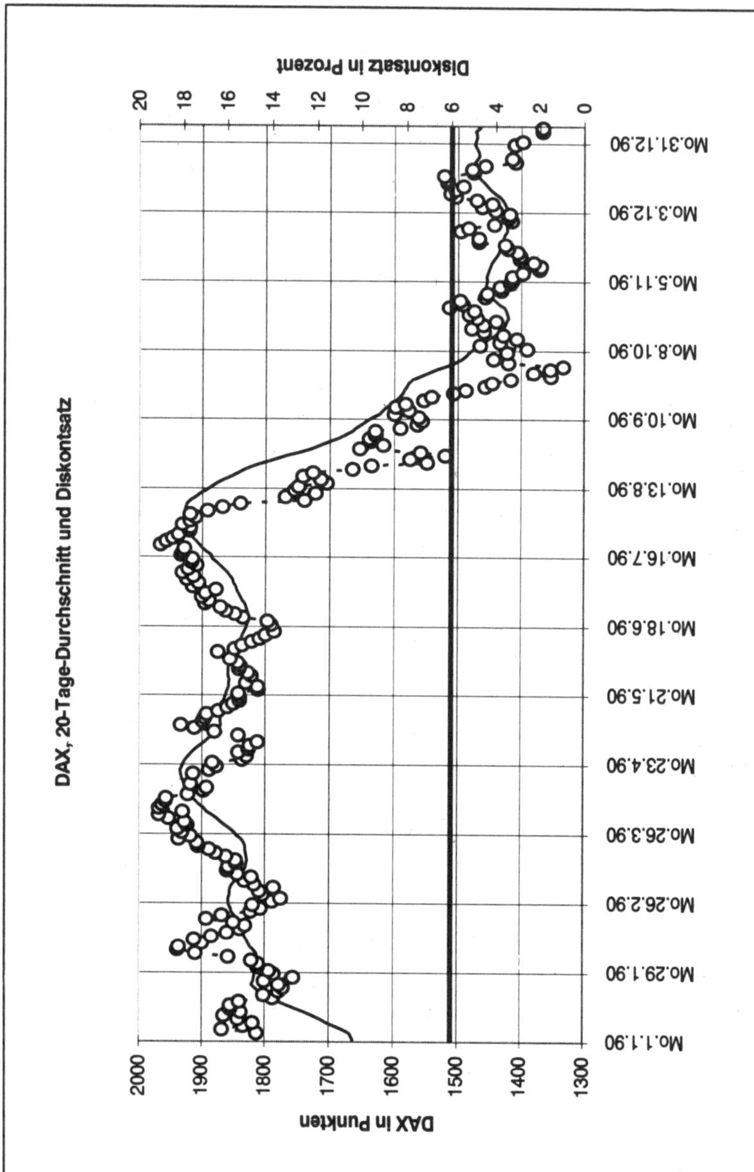
DAX, 20-Tage-Durchschnitt und Diskontsatz
DAX in Punkten
2000
1900
1800
1700
1600
1500
1400
1300
Diskontsatz in Prozent
20
18
16
14
12
10
8
6
4
2
0
Mo.1.1.90
Mo.29.1.90
Mo.26.2.90
Mo.26.3.90
Mo.23.4.90
Mo.21.5.90
Mo.18.6.90
Mo.16.7.90
Mo.13.8.90
Mo.10.9.90
Mo.8.10.90
Mo.5.11.90
Mo.3.12.90
Mo.31.12.90

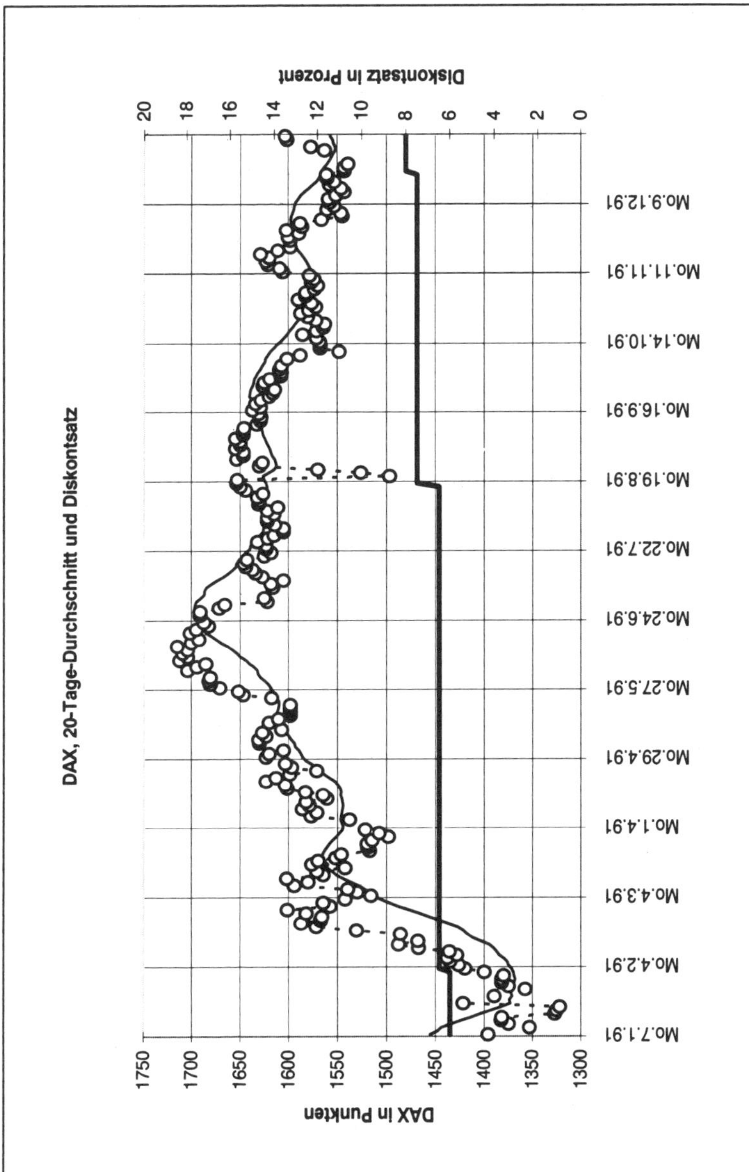
DAX, 20-Tage-Durchschnitt und Diskontsatz
DAX in Punkten
1750
1700
1650
1600
1550
1500
1450
1400
1350
1300
Diskontsatz in Prozent
20
18
16
14
12
10
8
6
4
2
0
Mo.7.1.91
Mo.4.2.91
Mo.4.3.91
Mo.1.4.91
Mo.29.4.91
Mo.27.5.91
Mo.24.6.91
Mo.22.7.91
Mo.19.8.91
Mo.16.9.91
Mo.14.10.91
Mo.11.11.91
Mo.9.12.91

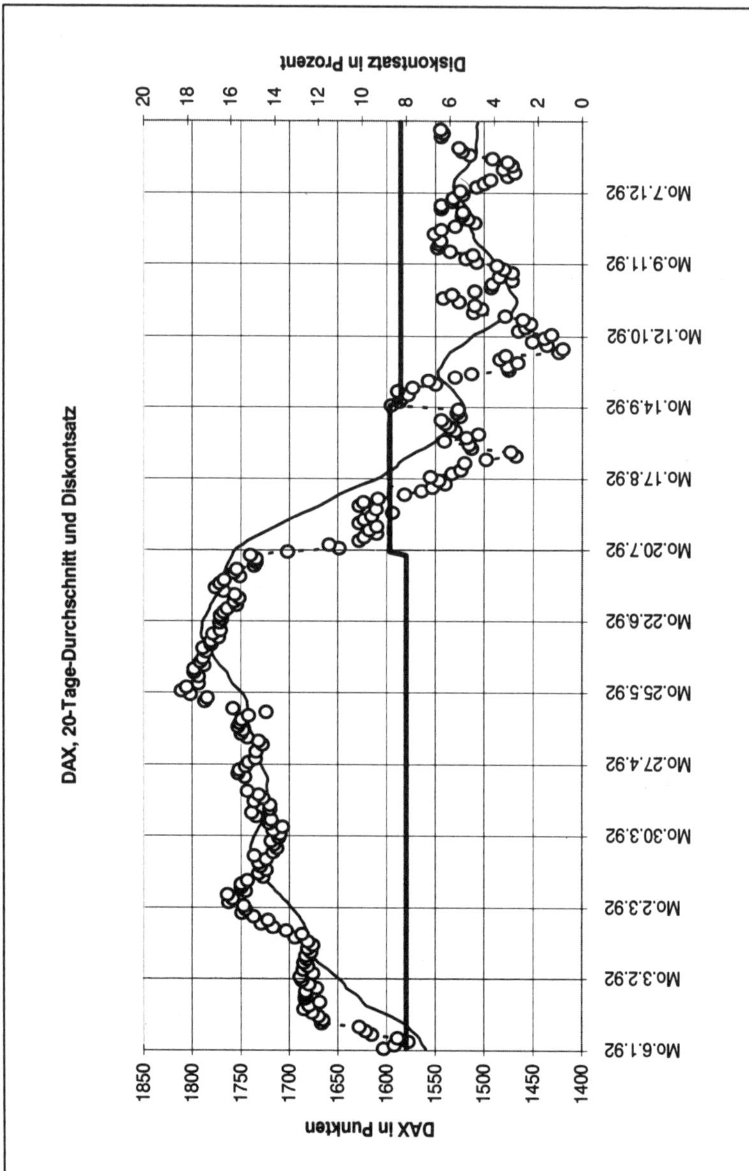
DAX, 20-Tage-Durchschnitt und Diskontsatz
DAX in Punkten
1850
1800
1750
1700
1650
1600
1550
1500
1450
1400
Diskontsatz in Prozent
20
18
16
14
12
10
8
6
4
2
0
Mo.6.1.92
Mo.3.2.92
Mo.2.3.92
Mo.30.3.92
Mo.27.4.92
Mo.25.5.92
Mo.22.6.92
Mo.20.7.92
Mo.17.8.92
Mo.14.9.92
Mo.12.10.92
Mo.9.11.92
Mo.7.12.92

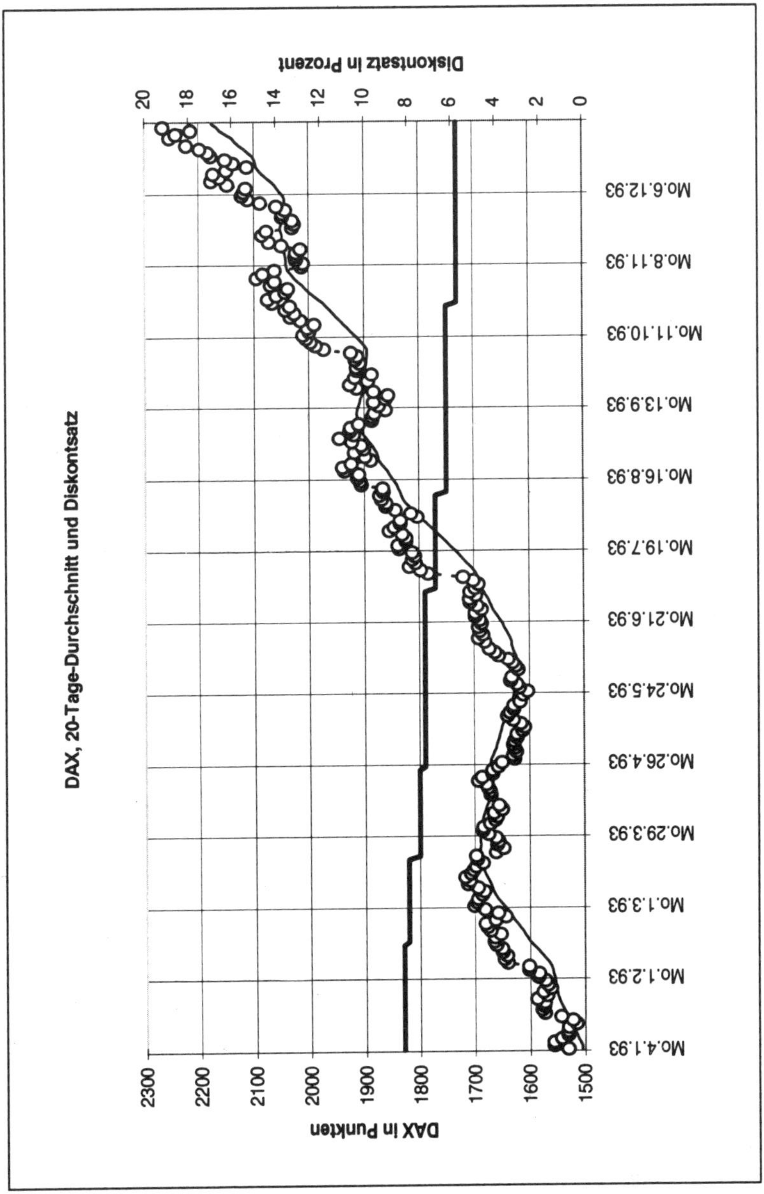
DAX, 20-Tage-Durchschnitt und Diskontsatz
Diskontsatz in Prozent
20
18
16
14
12
10
8
6
4
2
0
DAX in Punkten
2300
2200
2100
2000
1900
1800
1700
1600
1500
Mo.4.1.93
Mo.1.2.93
Mo.1.3.93
Mo.29.3.93
Mo.26.4.93
Mo.24.5.93
Mo.21.6.93
Mo.19.7.93
Mo.16.8.93
Mo.13.9.93
Mo.11.10.93
Mo.8.11.93
Mo.6.12.93

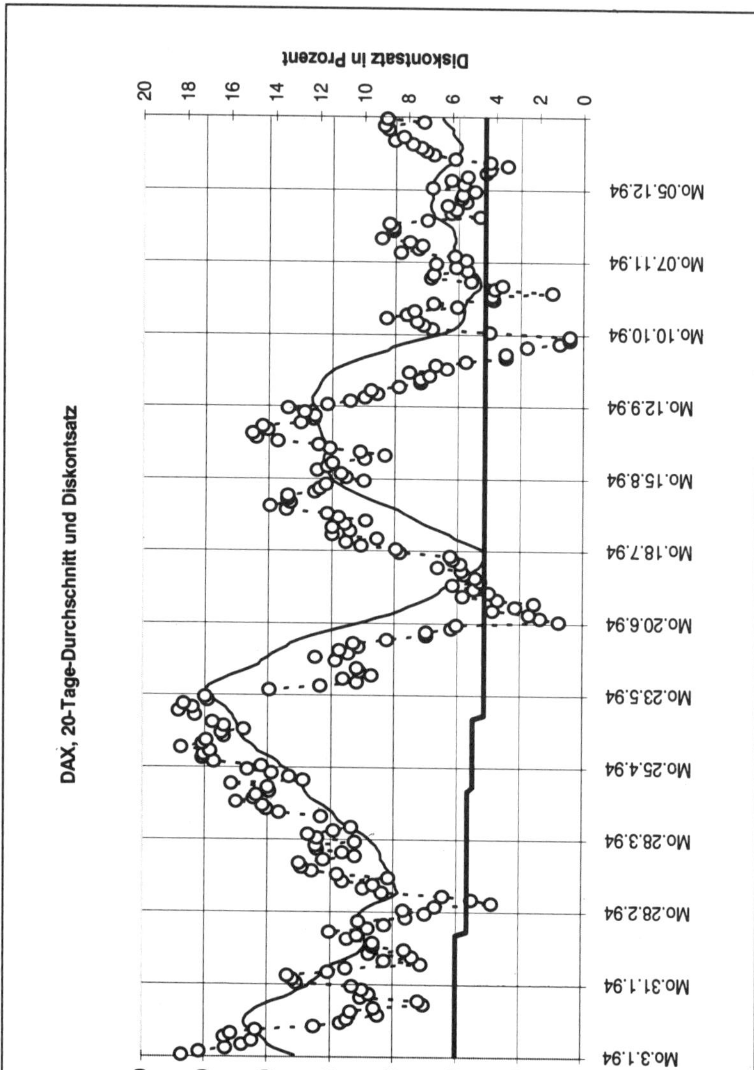
DAX, 20-Tage-Durchschnitt und Diskontsatz
DAX in Punkten
2300
2250
2200
2150
2100
2050
2000
1950
Diskontsatz in Prozent
20
18
16
14
12
10
8
6
4
2
0
Mo.3.1.94
Mo.31.1.94
Mo.28.2.94
Mo.28.3.94
Mo.25.4.94
Mo.23.5.94
Mo.20.6.94
Mo.18.7.94
Mo.15.8.94
Mo.12.9.94
Mo.10.10.94
Mo.07.11.94
Mo.05.12.94

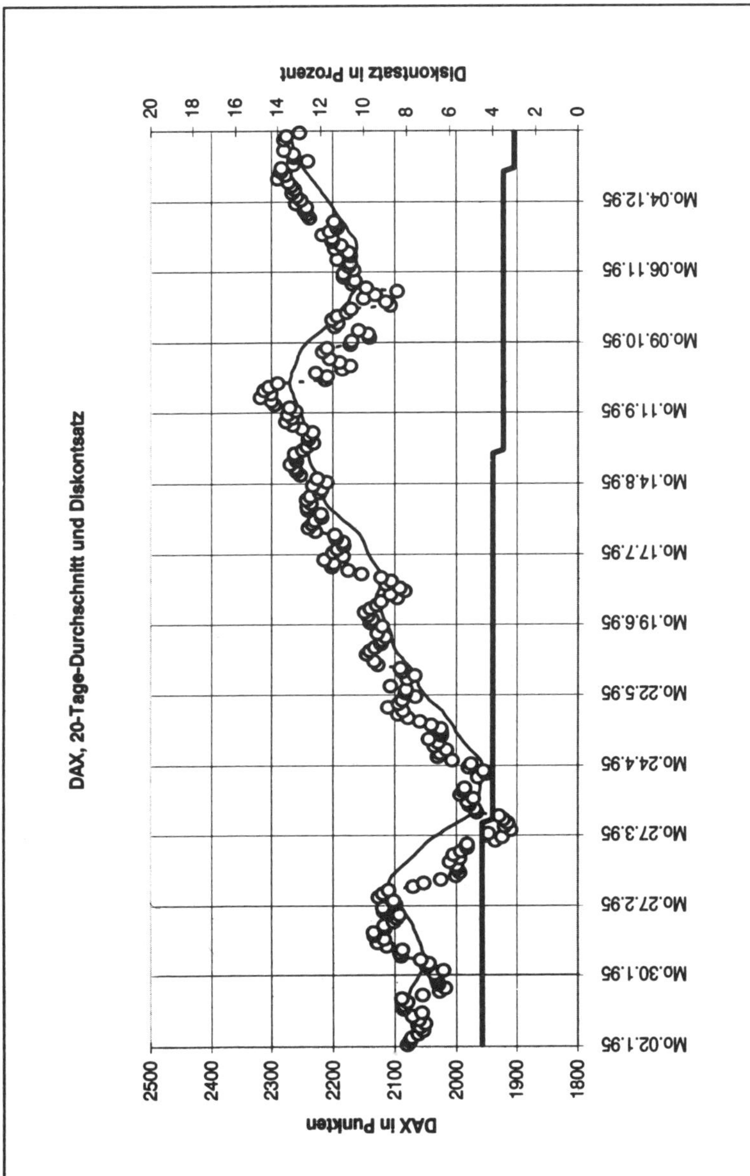
DAX, 20-Tage-Durchschnitt und Diskontsatz
DAX in Punkten
2500
2400
2300
2200
2100
2000
1900
1800
Diskontsatz in Prozent
20
18
16
14
12
10
8
6
4
2
0
Mo.02.1.95
Mo.30.1.95
Mo.27.2.95
Mo.27.3.95
Mo.24.4.95
Mo.22.5.95
Mo.19.6.95
Mo.17.7.95
Mo.14.8.95
Mo.11.9.95
Mo.09.10.95
Mo.06.11.95
Mo.04.12.95

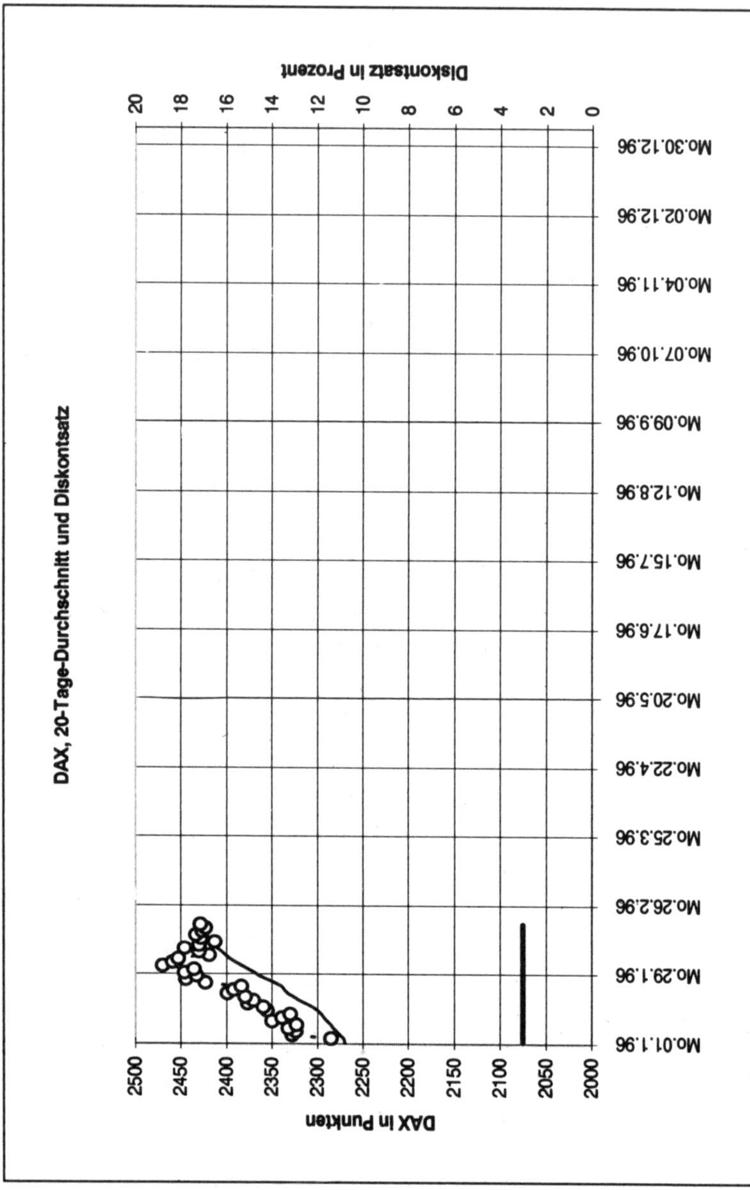
DAX, 20-Tage-Durchschnitt und Diskontsatz
DAX in Punkten
2500
2450
2400
2350
2300
2250
2200
2150
2100
2050
2000
Diskontsatz in Prozent
20
18
16
14
12
10
8
6
4
2
0
Mo.01.1.96
Mo.29.1.96
Mo.26.2.96
Mo.25.3.96
Mo.22.4.96
Mo.20.5.96
Mo.17.6.96
Mo.15.7.96
Mo.12.8.96
Mo.09.9.96
Mo.07.10.96
Mo.04.11.96
Mo.02.12.96
Mo.30.12.96

FORMELN

20-Tage-Linie:

$$\frac{K_0 + K_{-1} + K_{-2} + \ldots + K_{-13}}{20}$$

K_0 = heutiger Börsenkurs
K_{-1} = gestriger Börsenkurs
K_{-2} = gestriger Börsenkurs
K_{-19} = Kurs von vor 19 Tagen

Exponentiell oder geometrisch gewichteter 10-Tage-Durchschnitt:

$$\frac{K_0 + K_{-1} \times q + K_{-2} \times q^2 + K_{-3} \times q^3 + \ldots + K_{-9} \times q^9}{1 + q + q^2 + q^3 + \ldots + q^9}$$

q = Wichtungsfaktor $0 < q < 1$

10-Tage-Momentum:

$$\frac{K_0}{K_{-10}}$$

MACD-Indikator:

MACD-Linie: $EGD_{12} - EGD_{26}$

EGD_{26} = exponentiell gewichteter Durchschnitt der letzten 26 Tage

Stochastick-Indikator:

$$K = \frac{K_0 - K_T}{K_H - K_T}$$

K_H = Höchstkurs der letzten beispielsweise 10 Tage

K_T = Tiefstkurs der letzten beispielsweise 10 Tage

SK = Mittelwert der letzten 3 Tage von K

Williams-Indikator:

$$\frac{K_H - K_0}{K_H - K_T}$$